中华先贤人物故事汇

管仲

阎扶 著

中华书局

图书在版编目（CIP）数据

管仲/阎扶著. —北京：中华书局，2021.7（2023.10 重印）
（中华先贤人物故事汇）
ISBN 978-7-101-15116-9

Ⅰ.管… Ⅱ.阎… Ⅲ.管仲（？~前645）-生平事迹
Ⅳ.B226.15

中国版本图书馆 CIP 数据核字（2021）第 045052 号

书　　名	管　仲
著　　者	阎　扶
丛 书 名	中华先贤人物故事汇
责任编辑	李　猛　董邦冠
责任印制	管　斌
出版发行	中华书局
	（北京市丰台区太平桥西里 38 号　100073）
	http://www.zhbc.com.cn
	E-mail:zhbc@zhbc.com.cn
印　　刷	三河市宏达印刷有限公司
版　　次	2021 年 7 月第 1 版
	2023 年 10 月第 2 次印刷
规　　格	开本/787×1092 毫米　1/32
	印张 4⅝　插页 2　字数 50 千字
印　　数	10001-13000 册
国际书号	ISBN 978-7-101-15116-9
定　　价	20.00 元

出版说明

　　孔子周游列国，创立儒家学说；张骞出使西域，开辟丝绸之路；书圣王羲之，留下了曲水流觞的佳话；诗仙李白，写下了"举头望明月，低头思故乡"的名篇；王安石为纠正时弊，推行变法；李时珍广集博采，躬亲实践，编撰医药学名著《本草纲目》……

　　这些杰出的历史人物，有的是在中华民族文明进程中做出过突出贡献、对后世产生过巨大影响的思想家、政治家，有的是对中华优秀传统文化的传承传播发挥过重大作用的文学家、艺术家、科学家，有的是为国家安定统一、民族融合团结和中外文化交流做出过杰出贡献的军事家、外交家……他们为中华民族的繁荣发展做出了伟大的贡献，他们的行为事迹、风范品格为当世楷模，并垂范后世。

他们是中华民族的先贤人物。他们的思想、品德、事迹，是中华优秀传统文化的结晶。他们的故事，是对中华民族的禀赋、特点和气质最生动、最鲜活的阐释。他们的名字，在五千年中华文明史上最为光彩夺目。他们为五千年中华文明史书写了最为光辉灿烂的篇章。

为了解先贤，走近先贤，我们精心组织编写了这套《中华先贤人物故事汇》丛书。以详实可靠的史料为依据，以细腻动人的故事为载体，真实地呈现中华先贤人物的事迹、品格和精神风貌，彰显他们的贡献和功绩，以激发人们对国家民族的热爱，对中华文明、中华优秀传统文化的崇敬。

开卷有益，期待这套丛书成为你的良师益友。

目 录

导 读

    管仲，字仲，是春秋初期齐国颍上（今安徽颍上）人，早年穷困。经过商，出过仕，当过兵，然而都不成功。后与朋友鲍叔牙分别辅佐齐襄公的两个同父异母的兄弟公子纠和公子小白。齐襄公被弑杀后，小白与纠回国争位。管仲半路上阻击小白，小白假装中箭身亡，抢先回到齐国即位，他就是齐桓公。齐桓公想让鲍叔牙为相，鲍叔牙却推荐了管仲。齐桓公不计前嫌，用鲍叔牙之计，将管仲囚于槛（jiàn）车中，从鲁国引渡到齐国，任命为相。

    管仲为相后，以卓越的智慧与过人的胆识，进行了划分都鄙、寓兵于民、发展农工商等一系列内政改革，使齐国迅速富强起来。那时王室衰微，西北的少数部族戎、狄经常来侵犯，在管仲的策划下，齐桓公打出"尊王攘夷"的旗号，联合中原诸侯，北伐山戎，西逐狄人，南扼荆楚，平戎于王，做出了不朽的历史功绩。葵丘之会，齐桓公登上春秋五霸之位。后来只有晋文公，功业可与他并列。在齐桓公的赫赫霸业之后，巍然站着的是管仲——一位伟大的政治家、经济家、军事家、改革家、思想家。

箭射小白

管仲一行风尘仆仆，自西南方向，由鲁国而来。马、车、人在路边停下。路在莒（jǔ）国境内，往北不远，就进入齐国了。

这里是平原，车轮声与铃铛声，瞬间消失。马也停止了嘶鸣，像人一样安静下来。路上真凉快，一旦停下，才发现天是热了。有人抹了一把脸上的汗，有匹汗湿的黑马背上油亮油亮的。

管仲向南望去。树一株一株，层层叠叠的叶，将枝密密地缀满。叶如此碧绿，有的还带着晶莹的露珠。一声嘶哑的蝉鸣，预告漫长的一天来临了。

"鲍叔牙离开得早，回来得也不迟！"管仲他们在此等候的是鲍叔牙跟随的主人公子小白。

几年前，预料要发生乱子，鲍叔牙随同小白离开齐国，去往莒国避难。但管仲还想观望一阵。这不单是他的主意，召忽（shào hū）也是这么想的。两人一起侍奉公子纠，常常是心有灵犀。而鲍叔牙，反倒与他有些疏远了。

　　停在路边的管仲左手碰到箭壶。一支羽毛精美、短而有力的箭，仿佛在等待搭弓射出。这是临行前，鲁庄公赐给他的名唤金仆姑的箭。

　　短暂的寂静之后，有人左顾右盼，开口说话。马也发出响动，在它们抬蹄之际，车轮嘎吱嘎吱，铃铛叮当叮当。树叶簌簌（sù sù）而动，仿佛千百颗小心脏在不安地跳动。起风了，但他们感觉不到。白色路面像一根细长的弦，在空荡荡的天地间紧张地绷着。

　　管仲站在车上，凝视北方。

　　短短一个多月，齐国发生了两次事变。因为君上食言，大夫连称、管至父勾结齐襄公的堂弟公孙无知，趁齐襄打猎之时，在贝丘（今山东博兴）将他杀死，公孙无知自立为君。管仲与召忽跟随公子纠，急急逃到鲁国。谁知公孙无知位子还没坐热，又被大夫雍廪（lǐn）杀了。齐国一时无君，齐襄公的两个弟弟，逃亡在外的纠与小白，便进入了人们的视线。国内有支持纠的，也有支持小白的。鲁庄公决定扶持公子纠为齐君，与支持纠的大夫管仲等人，在蔇（jì）地（今山东枣庄）会盟，准备迎立他即位。

纠是齐襄公的大弟弟，理当接任，但齐襄公的幼弟小白也不可小觑（qù），因为他有齐国上卿高、国二氏支持。纠出发前，管仲认为，莒距齐近，路又好走，万一被小白抢了先，就来不及了。他请求自带一小队人马，在莒至齐的路上拦截小白。鲁庄公与臣子们听了，自然答应。临行前，鲁庄公将那支金仆姑箭赠予管仲。

"我鲁国有个仆人，走失十来天，回来了。说是他那得道升仙的姑姑，在泰山顶上请他饮酒，并送他一套金弓箭。她说，不善射箭的人，用它也能百发百中。"老大夫申缙（xū）絮叨着说完，又解释道："这箭，就唤金仆姑。"

"来了——来了——"有人用手遮挡眼际，警惕地喊道。

果然，一队人马在管仲的注视下，不一会儿就到了跟前。不错，正是小白他们。只见小白身形高大，站在一辆车上。双眼眯着，大概是日光太强烈。脸昂着，他平时总是这个姿势。嘴角向上扬起，好似有所保留。白衣分外显眼，微微落上了尘土。驾车的不是别人，正是鲍叔牙。老朋友还是那个样子，精干，额头略长，双眼透出两道精光，逼迫着人。

　　鲍叔牙看到，站在队列前头的老朋友管仲脸上有种终于等到了的表情。他没什么变化，永远像一潭深沉的水，好似藏着一个惊人的大东西。粗粗的眉弓下，两只大眼的眼白超过一般人。厚厚的嘴唇紧闭，脸黑青着。

　　有人数了数，小白他们共有三十辆车。

　　"仲特来请安！"管仲面向小白，"公子这是去往何处？"

　　鲍叔牙将马勒住，车停在路中间。小白看了鲍叔牙一眼，仿佛要他将车停得更稳些，这才望着车上的管仲说："回国奔丧！"

　　"哦？"管仲露出惊讶神色，"不必客气了，我

小白身形高大，站在一辆车上。

们公子为长，治丧当由他来主持。"

没等小白回答，鲍叔牙接过话头："管仲速速闪开。兄长死了，弟弟们无论长幼，都有手足之情，理应回去送上最后一程。"

"鲍叔牙，我看就不必了吧！"

"你我各事一人，各为其主，就不要挡路了！"

当年齐僖公任命管仲与召忽为纠的师傅后，又让鲍叔牙做小白的师傅。鲍叔牙觉得小白没有出息，想要拒绝。管仲与召忽上门看望，鲍叔牙心情沮丧地说："没有比君上更了解臣子的，君上知道我不行，才让我做小白的师傅，我不想干。"召忽同情道："我去向君上说你病重，免掉这个差事。"管仲不同意，说："想要做大事，就不能推辞工作、贪图安闲，你还是干吧！"见两人都对小白没信心，管仲分析道："将来安定齐国的，不是纠就是小白。人们厌恶纠的母亲，必然连累到他；但人们却会同情小白，因他母亲死了。小白虽然性格急躁，但他不要小聪明，能把握大方向。"他迟疑了下，对鲍叔牙说："除了我，还有谁了解他？到时不靠你出面，还能靠谁？"见鲍叔牙有些动心，管仲劝他接受任命。鲍叔牙问："我该如何工作？""侍奉主人如果不尽心尽力，就得不到信任；得不到信任，说话就没有分量；说话没有分量，工作就做不好。"管仲说："侍奉主人，不可存有二心！"

此刻，双方剑拔弩张，互不相让。管仲与鲍叔牙猛然发现，两人站在了两个敌对阵营中。

记得那次开导鲍叔牙时，召忽曾说，对于齐国，他们三人好比鼎之三足，短了哪只，鼎都站不住。三人约定，无论将来做君上的是纠还是小白，他们都要互相支持。可是现在，三只足却不在同一方鼎上。

静得可怕！树叶停止作响，风遁得远远的，千万里的天，一丝儿云也没有。

管仲车前右边的马，陡然一阵骚动。车厢猛地一晃，箭壶里那支金仆姑箭，一下子出现在眼前。一只蝉将一滴清凉汁液，撒到管仲脸上。管仲打了个激灵，头仿佛浸入冰凉的溪水，又忽地伸出。他站稳了，取出弓，抽出那支金仆姑箭，搭弓瞄准。

只听"哇"的一声，小白口吐鲜血，仰面倒在车中。

"撒！"管仲下令。

驭者将缰绳一拉，马儿撒开蹄子狂奔起来。刚刚他们看得真真切切，小白庞大的身躯，"咚"的一声倒下。

小白一方的人，慌作一团，没有追赶。

当管仲将射死小白的消息传回，鲁庄公与臣子们、纠、召忽等，高兴极了。

鲁庄公身姿翩翩，趾高气扬。当初父君（鲁桓公）被齐人刺死后，迫于齐襄公淫威，鲁人只要求齐国惩办凶手。为推卸责任，齐襄公杀了彭生。传说齐襄公后来去贝丘打猎，碰上一只野猪，随从的人却说是彭生。齐襄公抽箭，野猪像人一样，站在那里啼哭。齐襄公吓得一头栽于车下，跌伤了脚脖子，丢了鞋子。

"齐襄公真是死有余辜！"鲁庄公盘算，如今他支持纠回齐即位，鲁国有恩于纠，以后就不会再受这个咄咄逼人的邻国欺凌了。

小白既已中箭而亡，唯一的竞争者不存在了，纠就不必匆忙赶往齐国了。

六天后，当管仲与召忽陪同纠，到了齐都临淄西南城门——申门——喊话叫开城门时，只见鲍叔牙等簇拥着小白，站在城墙上。管仲、召忽、纠三人惊得目瞪口呆，不敢相信。召忽扭过头，望了一眼管仲，似乎要他回答，这到底是怎么一回事。纠那故意压着的兴奋，这下真给压住了，笑容在脸上旋即消失，他惊愕地瞅着城墙上的小白。护送他们的鲁国大夫公子偃，身子挺得直直的，仿佛觉得鲁人被齐人蒙骗了。

"公子纠，还有管仲、召忽两位大夫，公子小白已经即位！"鲍叔牙的声音传了过来。

那天小白倒下后，鲍叔牙慌忙去扶。那支金仆姑箭并没射进小白身体，而是掉落车中。原来箭头不偏不斜，碰上了衣服带钩。那枚铜钩，钩端锻成虎头形状，两耳硬硬竖起，双目炯炯而视，口微张着，仿佛要一口咬住什么。

"没事儿，幸亏带钩给挡住了！"小白低声说，嘴角流淌着血水。

"那——那嘴里的血，怎么回事？"

"是我为骗过他们，故意咬破了舌头。"舌头毕竟伤了，说话不大利索。"快将我抬进温车，不要让人知道，速速赶往临淄！"

小白对鲍叔牙微微一笑，闭上眼睛，装作昏迷不醒的样子躺下。

风尘已静，管仲他们离去多时。莒（jǔ）国通向齐国的路上，行过一队车马。当中是辆装饰繁复的温车，顶部微呈脊形，宽大的帷幔垂下，将车厢遮蔽得严严实实。听着时断时续的蝉鸣，躺在车里的小白抚摸着那枚精巧的带钩，松了口气。

在高傒、国懿仲等大夫的支持下，平安到达临淄的小白，由鲍叔牙他们陪同，在太庙祭祀过后，正式成为齐国的新国君。

槛车引渡

"管仲为人深沉，胸藏谋略，只是一直遇不到机会。现在他避难来到鲁国，君上应当加以重用。他如答应，我们就可以削弱齐国；如不接受——"大夫施伯转动眼珠，脸上堆起熟悉的轻笑，也许在试着原谅自己，"就杀掉他。杀了他，也是向齐国示好，他与公子小白可有一箭之仇！"

鲁庄公盯住施伯，见他大而浮肿的脸上笑容凝滞。鲁庄公垂下袖子，点了点头。

"君上，齐国大夫鲍叔牙到了！"宫人通报。

说到就到，鲁庄公心里一惊，顿时紧张起来，有点儿不知所措。

一阵响动后，鲍叔牙来到堂下，挟过一股风。

鲁庄公与施伯慌忙转身，一前一后站到堂前。只见来人一身戎装，犀利的目光看过来，显得咄咄逼人。鲍叔牙利落地行过礼，瞥见鲁庄公与施伯一副等待倾听的样子。

"公子纠乃我们君上手足，不忍诛杀，请鲁国代为除掉。管仲、召忽是我们的仇人，现在寄身鲁国，我们君上想要得到他们，带回齐国处死。"鲍叔牙扫视左右，又将坚定的目光投向鲁庄公与施伯。"如果得不到，那就表明你们与我们的敌人站在一起了。"日光照进大殿，在他的头盔上闪过一道耀眼的光。

"这——"鲁庄公沉吟。

当初，鲁国本想护送公子纠回齐即位，不料被小白抢了先。鲁庄公心下不甘，以为小白初立，齐国不稳，攻打齐地乾时，却又遭到痛击，鲁庄公弃了战车，掉头逃回。

施伯走近鲁庄公，耳语道："不能交出！齐国根本不会杀他们，而是想要他们回去为政。管仲之才无人可比，楚用则楚强，晋用则晋强。如果小白用他，齐国强盛起来，必为鲁国之患！"他扫了一眼堂下的鲍叔牙，仿佛怕被听到。"还是将他杀了再送给齐国。"

施伯面对鲍叔牙说：

"管仲、召忽随公子纠投奔鲁国，只因纠的母亲是我鲁人。不料引起两国交恶，实属意外。现在不如将他们一起杀掉，再修鲁齐之好。鲍大夫，你看如何？"

"我们君上想要得到他们，引渡到齐国处死，以警醒大夫们不要作乱，否则引起国内动荡，诱发邻国之战。若是得不到活的——恕我不能从命！"

鲁庄公扭头看向施伯。这位先朝老大夫，仿佛他的一根稻草。施伯没有什么表情，他在盘算。

"君上，"施伯又贴近鲁庄公耳边，"那、那就把他们交出去。我听说小白性子急躁，就是得到管仲，也不一定会信任他。"老大夫转变如此之快，鲁庄公心底虽升起厌恶，但还是听着。"他与鲍叔牙是尽人皆知的好朋友，如不答应，杀掉他，鲍叔牙定会替他报仇。现在齐国是鲍叔牙说了算。齐与鲁作对，我们打不过齐国。依臣看，不如把他们交出去。"

鲍叔牙心中满意，离开了曲阜，前往管仲所在的生窦。

公子纠毫无表情，只得接受命运的安排。

目睹主人被杀，管仲问召忽："你怕吗？"

"怕什么？"

这些日子里，召忽明显老了，白发凌乱，嘴唇青紫："主人当面被杀掉，我还有何面目活在世上？！让我做死臣，你去做生臣好了。死者完成他的德行，生者完成他的功名，我们各尽其分吧！"随着一声闷响，召忽一头撞到墙上。

召忽头挨墙根，好似斜坐在那里。管仲回头瞧了一眼面前的鲍叔牙，想起他曾与召忽上门，劝说鲍叔牙做小白的师傅。

"如果有人夺了纠的君位，而让我辅佐他，我不愿苟活。"召忽面露决绝之色，管仲与鲍叔牙都不怀疑。

"岂能为一人而死？"管仲反驳。"我不这样想。只有当社稷破、宗庙灭、祭祀绝时，我才会去死；如果不是这三种情况出现，我就活着；我活着对齐国有利，死了对齐国不利。"

鲍叔牙也想起这次对话，当往事浮现，管仲对他说道："走吧！"

吱呀，吱呀，笨重的槛车推过来。

管仲看了看天，看了看地，旁若无人般钻了进去。

手被捆了，脚被绑了，头发披散开来，看着老朋友这个样子，鲍叔牙突然大哭起来。

掉头上路。日光照在身上暖洋洋的，但人的内心，却感到阵阵秋凉。好大会儿，鲍叔牙才缓过劲儿。有惊无险，一切还算顺利。如果一路平安的话，两天就可离开鲁国。

经过曲阜城时，鲍叔牙朝南打量，望见争门。"好险！"他想起前来之时景象：

小白即位后，要任命他为相，主持国政。鲍叔牙诚恳婉拒道："臣只是一个平庸之人，君上给了一份俸禄，就不错了。如要治理国家，管仲才行。于民宽厚恩惠，于兵鼓舞士气，对内治理国家不失权柄，对外结交诸侯示以忠信，制定礼仪而行于天下，这五个方面，臣都不如他。管仲，好比是百姓的父母。君上若要治理子女，不可不用父母。"

齐桓公低头，瞅见衣上带钩，钩端的小虎头虎视眈眈，摸上去发凉。"如果不是它，寡人焉有今日？几乎死在他的箭下，怎能重用他？！"

"各为其主。他是为了自己的主人，才那样做。赦免他，让他侍奉您，他也同样为您效力。"

"那……怎样得到他？"

"速去鲁国将他召回，迟了恐怕就得不到了。施伯知道管仲才干，一定会向鲁君建议重用。管仲若答应，鲁国就要强过齐国；管仲若不答应，施伯一定会杀掉他。"

"管仲会答应吗？"

"不会！管仲对臣说过，他不会为某一个人而死。在他眼中，国家利益高于一切。他对齐国没有二心。管仲异于常人，爱国，而不忠君。"

"对于寡人，也不忠吗？"

"他不是为了君上，而是为了齐国。"

"哦？"

"——君上若要治理齐国，赶快把他请回，否则就来不及了！"

"施伯如果知道我们要重用管仲，不交怎么办？"

"就说引渡他回来处死，以警戒齐国臣子。施伯虽有智谋，却胆小，我们强硬些，他不敢不从！"

人马沿汶（wèn）水上行，一会儿近一会儿远。近时望见水底，石沙分明，粒粒可数。一条鲂（fáng）鱼倏然而过，赤红的尾映入管仲眼底。传说那尾的赤红，是过于劳顿造成。难道鱼也像人，要遭遇不幸？这不幸来自哪儿呢？是觅食的辛苦还是被大鱼吞掉的危险？一片一片黄叶，飘落水面，悠悠地顺水向着他们所来的方向而去。人若只为一口气，只为填饱肚子，倒是容易。可人不是鱼，人有追求。天空高远，在人的头顶长横。

在后头车上的鲍叔牙，突然听到前头一唱一和，歌声悲凉、激越：

黄鹄，黄鹄。
收敛翅膀，捆绑了足。
不飞不鸣，在笼中伏。

黄鹄，黄鹄。

天何其高，地何其厚。

为何引颈，在笼中呼？

黄鹄，黄鹄。

有翅可飞，有足可逐。

遭逢罗网，谁人将赎？

黄鹄，黄鹄。

冲入云中，一朝而出。

笑那弋人，空自踯躅（zhí zhú）！

　　差役一边唱着，一边加快步子。其余的人，也跟着加快步子。整个队列，仿佛车轴上抹了油脂，转得快了。

　　立于槛车中的管仲，对鲍叔牙此行心领神会！可那个施伯，虽在鲍叔牙的威胁下一时松口，但他极富心计，一旦醒悟过来，就会让人追索，自己要被追上，怕就没命了。

　　一列黄鹄，缓缓飞过头顶，向着南方远去。为让差役忘记疲乏，加快步伐赶路，管仲自编歌曲，他高声唱，让差役和。

"还唱！他为什么不像那个人一样去死呢？"有人低低抛出一句。

"召忽真是壮烈，可以千古留名了！"有人感慨。

"到齐地了！"不知是谁提醒。大家齐将目光望向前方，淄水已在前面迎接他们了。人真奇怪，把相连的地、整条的河分开，这儿是你的，那儿是他的。水从这个国家流向那个国家，鱼也是这样。不，鱼还会逆流而上。水没有国家概念，鱼也没有，可是人有！一旦踏进齐地，人、马瞬间变了样子，松懈了。

"喂！等一等，等一等！"

松弛的神经陡地一紧，所有的人，齐将目光回顾。站在前头车上的，是风尘仆仆的公子偃。他白净的脸晒得通红。

公子偃陪同鲍叔牙一行从生窦返回，到了曲阜道别后径自回去。向鲁庄公汇报斩杀公子纠、召忽撞墙而亡、管仲囚于槛车被带走了的消息。当听到鲍叔牙大哭时，施伯大笑起来。鲁庄公与臣子们一愣。"鲍叔牙大哭，这是怜悯管仲。管仲，怎么会

为让差役忘记疲乏，加快步伐赶路，管仲自编歌曲，他高声唱，让差役和。

死呢？”

施伯叹道："以管鲍之交，以鲍叔牙之义，齐国怎会杀掉管仲？鲍叔牙辅佐小白，乾时一战即胜了我们。管仲之智在鲍叔牙之上，鲍叔牙也一定会劝小白重用他。管仲如果得以施展才能，到时不独鲁国归顺于齐，整个天下，恐怕也将追随其后。管仲在我鲁国，真是杀也不能杀，放也放不得！"

"老大夫，还有什么办法？"鲁庄公一时手足无措。

公子偃喊道："追上杀了他，将责任推在臣的身上！"

鲁庄公点了点头，公子偃率人追出。

"噢，是公子偃！"鲍叔牙笑道："谢谢鲁君允许罪人归齐，叔牙代我主再次向你们致意！"

短暂的停顿后，人马继续前行。槛车中的管仲，嘴唇干裂，起了层皮，脸晒得发烫。虽不走路，手脚被缚，其实更累。又饥，又饿。路过绮乌，当地长官候在路边。瘦长的背有些弯，不知天生这样，还是由于恭敬。管仲讨要汤水，长官眼中放出光芒。片刻工夫，端来了香味儿浓郁的汤水。

管仲紧缩的胃，一下子打开了。

长官跪于地上："倘若大人幸免于难，为国重用，如何报答小人呢？"

"如果能被重用，无非德行、才能与功劳得到认可——我能拿什么来报答你呢？"

到了堂阜。鲍叔牙从后面赶过来，让人打开槛车，放出管仲，亲手为他解了绳索。鲍叔牙拉住管仲的手，半天不放，欲说无语。管仲没有激动。也许太累了，神经有些麻木。芳香的艾燃起来，巫师挥舞着笤帚，口中念念有词，鲍叔牙让人为管仲禳（ráng）灾解厄。沐浴三次，除掉身上的晦气。

"仲与召忽同事公子纠，既没将纠扶上君位，又没像召忽一样去死，大节已亏，现在转而侍奉仇人，若召忽地下有知，如何看我！"

"叔牙听说，成大事者不念小耻，立大功者不言小过。匹夫之节，何必斤斤计较。名之不显，才是最后悔的。你的才能，齐鲁两国都知，只是没有合适的机会。当今君上想要有一番作为，怎能没你！叔牙不才，举荐了你。想想我们半生坎坷，从不言弃，不就是为了有一天能施展抱负！"

庙堂陈谋

　　一步一顿，管仲走向前。齐桓公看到，管仲冠缨没系，左右两边垂下，随着步子在两腮贴上又离开，衣襟不掩。一个人高举铜斧，紧随身后。斧高过管仲的冠，仿佛听到命令就会劈下。郊外的天空蓝而纯净，在日光照射下，斧头闪着寒光，使这谢罪之礼，让人印象深刻。

　　齐桓公背后，稷门高大。

　　"退下！"

　　齐桓公的目光越过管仲，执斧的人站住，将高举的右臂放下，斧刃划过一道寒光。

　　齐桓公上前一步，凝视管仲："垂下冠缨，不掩衣襟，就够了。"

管仲叩首于地："承蒙君上大恩，仲哪怕现在去死，也不遗憾了。"

齐桓公将管仲扶起，一同上车，齐桓公在左，管仲在右。"驾——驾——"中间的驭者使劲一拉缰绳，四匹马撒开蹄子，迈向稷门。

"寡人要正式接见你！"管仲想起齐桓公说过的话。太庙，正是目的地。

在这肃穆之所，一番仪式过后，齐桓公说：

"从前我们太公，有功于王朝，分封此地后，励精图治，事业初成。先君僖公，联合诸侯，威名传扬。不料至于襄公，政令无常，酿成祸乱。齐乃千乘之国，如今国内人心惶惶，对外一蹶不振。寡人担忧会有一天，宗庙无人打扫，社稷无人祭祀。请问先生治国之策。"

系好冠缨、掩好衣襟的管仲，对着面带急切之情的齐桓公说：

"国之根本，在于人民。民心的向背，决定国家的兴亡。顺从，政令就能推行；违背，政令就会废弛。民心所向的，无非安定、快乐、富足、人丁兴旺，厌恶的则是流散、忧愁、贫困、生而难养。爱民然后富民，民富然后教民。教民之道，首在于礼。仓廪实而知礼节，衣食足而知荣辱。礼、义、廉、耻，是人民的基本遵循，是维系国家的纲纪。"

"请问如何治民？"

"居有定所，事有所成。"管仲言道："士、农、工、商，是国家的柱石之民。要让他们分开居住，士在清净之地农近田野，工近官府，商近市井。国都划为二十一个乡，其中士乡十五个，工、商之乡各三个。十五个士乡，君上管辖五个，高氏、国氏各领五个。国都以外之地，划为五属。"

"分开居住？"

"士在一起，父亲谈论义，儿子谈论孝，为君上做事的人谈论恭敬，年轻人谈论友爱；工匠在一起，于四时审视材料，讨论它们的用处，相互切磋技艺，专心致志制作器物；商人在一起，打听商品有无，预测价格，低价买进，高价卖出，谈的是利，赚的是钱；农民在一起，抬头观察天气，低头操持农具，春夏秋冬在田里耕种、除草、收获、修整。他们从小接触、学习，就能安心其中，不会见异思迁。士的素质提升了，工匠的水平提高了，商品的流转通畅了，粮食的生产增加了。民之富裕，自然而成。还有一点，分开居住便于国家管理。"

"怎么管理？"

"国都之民，按其所在之乡，五家为一轨，十轨为一里，四里为一连，十连为一乡，分别由轨长、里司、连长、乡良人管理。国都之外的人民，三十家为一邑，十邑为一卒，十卒为一乡，三乡为一县，十县为一属，依次由邑司、卒帅、乡帅、县帅、属大夫管理。"管仲举起袖子，"五名属大夫，各管理一属。"

"民既安定，兵如何治？"

"无非整顿军队，修治武器。"管仲将袖子放下，"仲有一良策：寓军于民。"

"有何说法？"

"十五个士乡，一轨五家，一家出一人当兵，五人为伍；一里五十家，五十人为小戎；一连二百家，二百人为卒；一乡二千家，二千人为旅。五乡则设一帅，可以统领万人，万人一军。君上与高子、国子，分率中、左、右三军。春天整顿，秋天训练。聚集而居，家与家挨在一起，人与人平日交往。作战时，即使在夜里，也能依靠声音分辨出伙伴。他们是朋友，也是战友，因此紧密团结，互相帮助。无论攻还是守，皆能心系一起，生死与共。"一道明亮的光线，从管仲身上移到齐桓公脚上。"襄公之世，刑法过滥。虽说国无法则不立，但人之常情，畏惧刑法而欲远离。可用武器来抵罪，重的用犀甲与一支戟；轻的用皮盾与一支戟；小的则用铜铁，铜可用以锻造武器，铁可用以铸造农具。至于有诉讼要求的，上交一束十二支箭。"

"国家财力不足，如何谋划？"

"财力在于税收。国家控制山海，实行盐铁专卖。"管仲掰着指头："每名妇女一针、一剪，每名农夫一耒（lěi）、一耜（sì）、一锄，每名造车工匠一斧、一锯、一锥、一凿……假使每根针价格增加一钱，或每把剪增加六钱，则三十根针，或五把剪增加的价格加在一起，相当于一个人一个月的人头税。针、剪之微，尚且如此，其他铁器价格的增加，可想而知。铁如此，盐也一样。"那道光线移到齐桓公小腿上。"一个月，成年男子吃盐近五升半，成年女子近三升半，未成年人近二升半。一百升为一釜，十釜为一钟。假使盐价每升增加二钱，每釜可以增加二百钱，每钟就是二千钱。一千万人口，一个月可以得钱六千万。"光线移到管仲的脸上。他接着说道：

"若说征税，人民一定议论，可是如此之微增加盐铁价格，丝毫不觉，国家收入却可大增。说到土地征税——"管仲话题一转，说：

"地要按照大小、肥瘠、旱涝勘测，分成上、中、下三等，然后进一步细分，再依土地质量征税。田税征收粮食，两年一次。依仲之见，年成好时收十分之三，中等年成时收十分之二，下等年成时收十分之一，若遇荒年则不交。年有丰歉，物有余缺。"日光移到了齐桓公的紫衣上，那枚挡过管仲之箭的带钩凸显。他听管仲说下去：

"国家调节余缺，某种物资过剩时，价格下跌，国家收购；不足时，价格上扬，此时国家适价卖出，既可增加国库收入，又可平抑物价，打击大商大贾，使其不得囤积居奇，牟取暴利，损害人民利益。"

"国富、民强、军振，可以威加诸侯了。"

"不可！"管仲断然否决。"尊崇王室，亲近邻国，征讨无道之国，才能赢得天下。如今邻国未亲，无从谈起。齐为东方大国，若要出兵北、西、南，必以燕、卫、鲁为后盾。请先归还所侵占的燕之柴夫、吠狗两邑，让其成为北部的屏障；卫之台、原、姑、漆里四邑，让其成为西边的屏障；鲁之棠、潜两邑，让其成为南边的屏障。以丰厚的礼物结交邻国，而不收受一丝一毫，他们就会亲近我们。派遣八十人，提供车马衣裘，让他们带上钱物周游四方，观察各地，选择那些无道之国而征讨之。邻国和睦，无道之国归顺，然后率领他们朝拜王室，就可以成为诸侯的霸主了。"

太阳升上高天，映照着管仲与齐桓公。

经过十天斋戒，齐桓公要正式拜管仲为相。

这天天气晴朗，光线将太庙描出。一大早，装饰一新的柱廊间，人们忙忙碌碌。柏树挺拔，发出清香，钟鼓高悬，等待敲击。一只雄鹰盘旋在大殿脊上，似乎等待即将到来的一幕。

"君上若以仲为相，则请建立霸业。"管仲目光炯炯。

"寡人不敢有如此大的雄心，只求齐国安定就行。"片刻，齐桓公回答。

"君上若以仲为相，则请建立霸业！"管仲攒紧了眉。

"寡人委实不能答应。"好一会儿，齐桓公又作拒绝。

"君上赦臣一死，这是臣的幸运。然而臣不为公子纠献身，就是为了齐国安定。若不建立霸业，齐国难以真正安定。否则，要臣执掌国政，实在不能接受！"声音不容置疑，回荡在柱廊间。管仲转身，迈向大门。

"寡人答应便是！寡人答应便是！"众人看到，汗从齐桓公额上渗出。

齐桓公双膝着地，面对太公牌位："小白听了管仲所陈之谋，耳更灵敏，眼更明亮，欲让他为相，不敢擅自做主，谨告先君灵前。"

三天后，朝廷上，臣子们退去，齐桓公留下管仲。"寡人不是不想称霸诸侯，号令天下，而是——"齐桓公说，"寡人有三个缺点：好打猎，

经过十天斋戒，齐桓公要正式拜管仲为相。

有时打到四野漆黑、禽兽匿迹还不住手；好饮酒，常常夜以继日；好女色，甚至占有不出五服之女。唉！"齐桓公长叹一声，"以致百官不能当面汇报，使者不能当面致意。"

"君上所说的这三个毛病，虽不是什么好事，但还不是最要紧的，不必担忧。"齐桓公觉得，管仲在轻描淡写。

"既然三个缺点都可以，难道还有不可以的？"

"优柔寡断不能奋勉，远离贤能亲近小人，有此二者——不能成事。"管仲望着齐桓公，语气坚定。

一天退朝了，管仲还不走。他说："臣得信任，然而地位卑下。""好，寡人让你等级高过高傒、国懿仲。""臣显贵了，然而还很贫穷。""好，寡人赐你齐国一年的市租。""臣虽富了，然而与君疏远。""好，寡人尊你为'仲父'，将你当作父亲如何！"

"管仲的要求真高啊！"有一天，有人试探着对鲍叔牙感慨道。

"卑下难以治理贵人，贫穷难以治理富人，疏远难以治理国亲。"鲍叔牙感慨，"管仲这不是贪，是为了便于治国！"

转眼三个月过去了。这天，大雪将整个临淄笼罩，天地间一派茫茫。这些天，管仲一刻没有闲着。他仿佛一个沉稳的气场，使动荡后的齐国，迅速露出安定向上的气象。齐桓公与管仲，时不时在退朝后坐而相谈。这天他们又留下一边观赏大雪，一边评论百官。

"进退熟知礼节，言辞刚柔有度，臣不如隰（xí）朋，他可为大行；开发土地，增加粮食，臣不如宁戚，他可为大司田；使战车不乱，士兵不退，臣不如王子城父，他可为大司马；断案公平，不妄杀无辜，不冤枉好人，臣不如宾胥无，他可为大司理；不怕冒犯君上，敢于进谏，臣不如鲍叔牙，他可为大谏。君上若要民富国强，有这五人足够了。然而——"齐桓公看到，管仲望向苍茫天宇。"若要建立霸业，则非仲莫属！"

大行、大司田、大司马、大司理、大谏，分别掌管国家的外交、生产、军事、司法、监督。

长勺之战

勺山兀立，天幕低垂。齐军沿淄水，自东北逆流而上；鲁军沿汶水，自西南逆流而上。水结了冰，一阵一阵的白光晃眼。两军在勺山之南相遇，淄、汶两水河谷欲要相交、实则结束之处——长勺。

齐军侵鲁，刚进长勺，便被拦住。

鲁庄公举起右手，搁在眉弓上，齐军阵营的鲍叔牙、仲孙湫进入眼帘。鲍叔牙在队列正中最前的战车上，面无表情。旁边战车上的仲孙湫，两颊通红，微风吹斜了他们盔上羽翎（líng）。"怎么不见管仲？"旁边车上公子偃，升起与鲁庄公一样的疑问。他后悔上次迟了一步，没能追回管仲。

"哼，这个鲍叔牙，赚走了管仲，今日一定要收拾他！"公子偃咬紧牙关。战车前有匹马发出一声长鸣，仿佛明白主人的心意。

听到马嘶，鲍叔牙将目光从鲁庄公身上移向公子偃。几个月后，他们又相见了。公子偃还是那副模样，昂着白净的脸。鲍叔牙的目光，又看向鲁庄公的战车。鲁庄公站在中间，直视前方。站在车右的是谁？高而瘦削，上身前倾，犹如一只振翅欲飞的鸟。脸青，两耳真大，好似半个拳头打开。他也紧紧盯着这边，一刹那间，甚至与鲍叔牙目光相遇。"这是谁？"鲍叔牙心下嘀咕。

鲍叔牙不认得的这个人，他叫曹刿（guì）。

鲁庄公还没走出乾时之败的阴影，又听到齐国陈兵于鲁，非常气愤。笑微微眯着双眼，施伯走过来。虽然鲁庄公对这个老大夫上次在管仲问题上首鼠两端极为反感，可一筹莫展之际，也只有他能站出来。

"臣荐一人，姓曹，名刿，东平人氏，胸怀谋略，不为人知。"施伯咳嗽一声，说。

居于乡下的曹刿，一边听着施伯的恳切之言，一边发现由于长途跋涉，老大夫那冻得有些青紫的脸上，一条条汗渍冒着热气。听完施伯的话，曹刿说："这是吃肉的人考虑的事，怎么找到吃菜的人门上了！"

"吃菜的人，不久就要吃肉了！"在一个乡下人面前，施伯显得高高在上。"——谁不想吃肉？"

那时，只有大夫以上级别的人，才能天天吃到肉，士以下的人日常所食，不过青菜之类。

看到曹刿要跟来人一块儿离开，有个熟识的挽留："这是吃肉的人分内事，何必掺和？"那人露出黄牙，宽阔的额头渗出大汗珠子，突然冒出的这句话，让他紧张。"吃肉的人大多见识浅陋，不能深谋远虑。"曹刿望着施伯，似乎在说，老大夫可是属于吃肉的人。

"齐军压境，君上依靠什么打这一仗？"曹刿落落大方，没有乡下人初至朝廷的拘谨。

"吃的穿的，寡人不敢独占，常常拿来分人。"

"这都是些小恩小惠，何况不能遍施每一个人，百姓不会因此服从您的命令。"

"祭祀用的三牲、玉器与绢绸，寡人不敢随意改变，总要遵照规定执行。"

"这点小信用，不能得到神的信任，神不会因此保佑您。"

"大大小小的案件，虽然不能一一调查清楚，必定诚心实意审理。"

"这还不错！这是尽心竭力为百姓办事。凭这一点，可以一战。打仗的时候——"曹刿抬起头说，"请让我跟君上一块儿去。"

太阳升得更高了，将它刺目的光投下。淄水不见了，汶水不见了，两条结为一束的河谷，在双方队列背后，静静地打开。仿佛把他们吐出，让他们相遇在勺山之南，看看下面将要发生什么。

齐军人马比鲁军多。想到被杀的公子纠、自尽的召忽、被解救回去的管仲，鲁庄公眼睛一阵模糊，心底涌起愤怒。被骗、受辱，这是何等滋味？乾时之战本想出口气，结果却落荒而逃！如今，齐军压境。匹夫尚有一拼，何况一国之君！他忽地望一眼右边的曹刿，然后双手拿起鼓槌（chuí）。

"还不行！"曹刿左眼的余光，瞧出鲁庄公的意图。

就在这时，"咚咚咚咚——"对面传来击鼓

声，是鲍叔牙。齐军洪水一般涌过来。马蹄、车轮、人脚，掠过干硬的地面，发出沉闷的声音。

没有听到命令，鲁军全部望向横置在鲁庄公一侧的战鼓，原地待命。看到对方纹丝不动，齐军有些纳闷儿，没走多远，步伐慢下来。鲁军没有发兵，齐军退入阵营。鲍叔牙转头瞥了一眼仲孙湫，见他站在战车上，面部一股木然之气。

一阵短暂的寂静，"咚咚咚咚——"鲍叔牙再次擂响战鼓。还在交头接耳的齐军士卒，立刻闭上嘴巴，收起耳朵，冲锋。看到鲁军依然没有丝毫动静，于是三三两两掉头后撤。

"怎么回事？"鲁军阵营里，公子偃也将惊奇的目光停在鲁庄公与曹刿乘的战车上。他看见，鲁庄公在用同样的眼神打量曹刿。

日光有些疲倦，"咚咚咚咚——"齐军的战鼓声第三次冲上云霄。料想鲁军还是铁桶一样扎在对面，齐军都不想出动了。士兵们交换一下眼神，才又极不情愿地迈开步子。有些马抬起蹄子，又放下来，任凭缰绳使劲地拉扯。

"可以了！"就在双方将士一头雾水之际，曹刿把一直投向齐军的目光，转向左边的鲁庄公。

"咚咚咚，咚咚咚，咚咚咚，咚咚咚——"鲁庄公用力击打战鼓。憋了半天的鲁军奋然出击，呼啸着冲向敌人。箭向前发，戈向前挥。松懈下来、嬉笑打骂的齐军，根本没料到，鲁军以铺天盖地之势逼近。哪还来得及握紧手中的戈、抽出袋中的箭？他们被打得七零八落，任凭鲍叔牙将战鼓擂得震天响，也不管不顾，掉头溃逃。仲孙湫竭力阻止，哪里挡得住。齐兵仿佛一堵宽厚的堤，筑在长勺之东，但顷刻间，一股不可估量的鲁军之水，将它冲毁。

鲁庄公正要驱车追赶。"还不行！"曹刿下车，俯身查看齐军车辙。他噌地跳上战车，双手握住车前横木，忽地登上去，右手搭在额上，瞭望齐军。阵阵灰尘，弥漫天地。曹刿侧身，蹲下，然后又跳进车中："可以了！"

"咚咚咚，咚咚咚，咚咚咚，咚咚咚——"鲁庄公猛烈擂响追击的战鼓。

齐军撤出鲁境，消失在淄水谷地，沿途全是丢弃的辎（zī）重、盔甲，还有伤亡的士卒。

鲁庄公用力击打战鼓，憋了半天的鲁军奋然出击，呼啸着冲向敌人。

"如此轻而易举大获全胜！"鲁庄公呵出阵阵白气，满是兴奋与疑惑。

"战争，靠的是士气！第一次击鼓，齐军鼓足士气；第二次击鼓，士气松懈；第三次击鼓，士气消失殆尽。而我军的士气，一次击鼓过后鼓得饱满，所以战胜了他们。"曹刿两耳通红。

"为何不乘胜追击，还要观察？"鲁庄公搓搓双手。

"齐人多诈，前面一带又是谷地，易于埋伏。我看他们车辙乱七八糟，旗子东倒西歪，判断是真的败逃了，才禀告君上追击。"曹刿一字一顿，犹如风吹干枝。

淄水河谷犹如一只大口袋，将垂头丧气的齐军收了进去。鲁军踏入齐境没多远，听到背后鸣锣收兵。

"齐鲁都是大国，势力不相上下，打起仗来，胜败要看谁主谁客。"太阳早已偏西，将车马的影子投在前面。仲孙湫宽慰鲍叔牙："上次乾时之战，鲁军找上门来，我是主，所以胜了他们。今日长勺之战，我军到了人家门上，人家是主，所以我军失败了。"咚的一声，仲孙湫的战车被块大石头绊了一下。

"唉！"鲍叔牙若有所思，半天回答道："仲孙大夫哪里知道，君上不听管仲的建议，才有今日的败局啊！"

齐桓公即位不久，思谋对外用兵，管仲不同意。"仲父当初不是勉励小白，要建立霸业吗？一味关起门来，怎能威加诸侯？！"

"臣是以称霸为君上事功之基，但是现在的齐国，刚从襄公与公孙无知之乱中平定下来，还没有恢复元气。当务之急是安抚百姓，而非用兵。对内不与百姓亲近，对外不与诸侯和睦，齐国强盛，只是一句空话。"

"一边在内发展经济，一边对外用兵，并不冲突。再说，久不打仗，将士肌肉松弛，战马筋骨虚弱，兵戈弃置库房，结满蛛网，生出斑斑绿锈。"

"齐国居于东海之滨，既可关起门来发展经济，又能三面出动参与诸侯事务，可谓得地利之便。但，一心不能二用，齐国当务之急，是想方设法壮大自身。自身强大了，才能着眼于外。这才是最佳之选，也是不二之选。万望君上三思而后行。"

"哼！老是等！老是等！襄公闹得国内混乱，我在等；公孙无知篡位自立，我在等！若不是听从鲍叔牙，抢先一步赶回齐国，恐怕今日站在你面前的，是纠而非寡人了！"

"做成车轮，不是一天能够完成的。君上是想早上制车轮，晚上就要乘车。人事，总要符合天道。"

"天道——什么天道？人生苦短，如不加紧，莫说齐国，就是寡人，也不能再等下去了！"

管仲劝谏，屡屡碰壁，眼看不行，鲍叔牙站到齐桓公面前，说：

"君上一定要听管仲的话！"

齐桓公不但没有回心转意，甚至有些后悔听从鲍叔牙任用了管仲。对外用兵就得加强军备，加强军备便要增加税收，以招揽勇士、置办武器。增加税收，有当初庙堂之上管仲陈述的一番良策。高官厚禄之下必有勇士，齐桓公不知与何人议定，按照勇武授予官禄。越勇武，官职就越大，俸禄就越丰厚。识别勇武，要靠比试。于是，宫前勇士们剑戈阵阵相击，争相比试。与此同时，民间的比武风气也盛行起来，人们聚众围观，打斗声、呼喊声、赞叹声、惋惜声、呼哨声……回荡在临淄上空。那些加官晋爵的武士，脾气总是不好，有时在朝廷上，言语不和，抽出剑来，满朝臣子瞠目结舌，惊慌失措，眼见他们厮打成一团，不可开交。一日发生残杀后，鲍叔牙急急地走进管仲家中："天天这样下去，如何是好？"

管仲极为平静，他直视老朋友，缓缓开口："争夺官禄的，都是一些'贪民'，不必怜惜！"

"一直乱下去怎么行？"

"君上性格急躁，等他觉悟了，自会悔改。"

"可要等到什么时候呢？"

"不会太久，不过——总要等到头破血流，壁碰够了。"

"齐国不是太危险了？"

"不要怕！有你我二人在，谁敢觊觎（jì yú）齐国？"

长勺之战，齐桓公也没任命管仲。虽不乐意，鲍叔牙还是做了主帅，与仲孙湫一同前往。他记得大军开拔时，管仲那看似没有表情、实则意味深长的目光，也只有他鲍叔牙才能明白。

曹沫劫盟

新筑的坛，横亘北边。土有些发白了，夹杂着沙砾与草茎。坛呈方形，高约三丈，顶部平坦。坛上，左边悬挂着一口大钟，右边放着一面大鼓，青赤白黑四色旗帜，分插东南西北四方。旗帜垂下，稍有风起，便努力翻卷。

鲁庄公把目光从斜对鲁国队列的鼓上，移到与鼓相应的钟上。钟，斜对坛下东侧的齐国队列。

翻卷坛上旗帜的风，时起时歇。仿佛铆（mǎo）足了劲儿，自西北方向，陡地呼啸着刮起一股大风。坛上旗帜向着东南，呼啦啦展开。钟晃荡起来，鼓嗡嗡而鸣。尘土，从坛的东南倾泻下来，奔腾着扑向齐国队列。虽然极力不朝那边望，趁这当儿，鲁庄公还是扭过头去，瞥了一眼，齐桓公意气昂扬，站在队列最前面的车上。

心中忽有所失的鲁庄公，脑子里翻腾起行前的一幕一幕——

"敝国与贵国同处东方，共事王室，土地相连，人民相亲，情同兄弟，互通婚姻。寡人与君，谨守先公之风，友好为上，携手并肩。孰料年初寡人发起北杏之会，不见君来。寡人敢问，君有何指教？时值岁尾，若得闲暇，万望君能抽身，莅临敝国，于柯地一会。寡人引颈西向，诚惶诚恐。"

阅毕齐桓公使臣带来的邀请函，鲁庄公将竹简扔到面前案上。堂上先是一片惊愕，继而议论纷纷。

"以诸侯身份主持天下盟会，这还是第一遭！"开口的是申繻老大夫。他年寿虽高，但依旧参与政事，发表意见。

"是啊，是啊。"有人附和。

"什么北杏之会，分明想做霸主。可惜——"众人将视线从须发皆白的申繻身上，转到凛然有风的公子偃身上。

"没有与会的，岂止我鲁国一个，卫、郑、曹，不也没有理睬吗！就是前去的几国，也各怀心思。臣听说——"公子偃望了一眼申缙，"他们从旁帮助的宋国，就有二心，不等会盟结束，宋公就听从戴叔皮，半夜拔车离开了。"

"宋是公国，齐为侯国，要说盟主，也要推举宋公！"申缙接上话头。

"小白之心，路人皆知。"不知是谁，语气中挟着愤然。

去年（齐桓公四年，前682）秋天，宋国发生内乱，南宫万弑宋闵公，立公子游为君。公子御说逃到亳，南宫万之弟南宫牛与猛获率兵围攻。众公子借曹国军队在阵前杀了南宫牛，又在宋国都城杀了公子游，拥立御说，即为宋桓公。一心想着对外用兵的齐桓公，眼看机会来了，以平定宋乱为名，号召各国在齐地北杏会盟。邀请发出，只有宋与陈、蔡、邾四国响应。会盟必有盟主，齐是号召国，又在其地之上，齐桓公当仁不让。会后，联军向宋进发，但也只是到达商丘郊外，示了一下威，便撤走了。

"衣裳之会，哪里能算？"施伯望了望申繻。

所谓衣裳之会，是指不带兵车、不歃（shà）血的会盟。

没参加北杏之会的，还有一个小国遂。遂在鲁齐之间，为鲁的附庸。齐桓公五年（前681）六月，齐以不与会为名，吞并了遂。意犹未尽，陈兵鲁国边境，鲁军仓皇应战。齐军来势汹汹，三战三捷，夺走汶水之北大片土地。如今，齐桓公邀请鲁庄公前去他们地盘上会盟，意思非常明白，要鲁国屈服！

"三年前的春天，长勺一役我们胜齐；夏天，齐、宋联合侵鲁，宋师大败，齐师眼见不妙，抽身而返。两次大捷，暂时胜齐。奈何小白在管仲的辅佐下，三年来励精图治，如今齐国势力大增。北杏之会打着征伐无道之国、维持天下秩序的幌子，其实是代天子号令诸侯。鲁是它的邻国，不亲附它怎么能行？灭遂，就是给我们看的。前去会盟，其实是要我鲁国加入他们麾下。"鲁庄公听施伯说下去：

"其锋正锐，不如前去。"

"去便去！战场上失利了，会场上难道就不能赢吗？！"有人打破沉闷的气氛。众人循声，是曹沫。只见他昂首挺胸，大而圆的眼里，露出尽在掌握的神气。

丢失汶阳之田的，正是曹沫。

"哦！是曹大夫！你忘记汶阳之辱了吗？不怕齐人笑话吗？"别有心思的庆父，对雄赳赳站立的曹沫讽刺了一句。他的声音犹如豺狼，干涩枯燥。

"三败之耻，沫将一朝而雪！"曹沫并不看庆父，对着鲁庄公说：

"君上有什么意见？"

"寡人生不如死！"

"君上答应齐使，应约赴盟便是。臣愿陪同前往，到时君对君、臣对臣。臣——自有主意！"

一片阴影投在面前的地上。鲁庄公仰脸，一朵乌黑的云，仿佛层层叠叠的大花，停在当顶。此刻风倒是没了，地上干干净净的。天上也是干干净净的，除了不知从哪儿飘来的这朵乌黑的云。

"升坛——"

拉得长长的声音，从坛上传了下来。

所有的人一脸肃穆，齐刷刷望向前方。

按照事先约定，一国出一君一臣，齐是齐桓公与管仲，鲁是鲁庄公与曹沫。他们跳下各自的车，跺了跺脚，拂了拂袖子，整了整冠，向坛上望了一眼，在导引之下，君在前，臣在后，向坛走去。

鲁庄公与曹沫自西，齐桓公与管仲自东。两支队伍士卒注视，走到前面的两国之君，高大白皙，比起鲁庄公，齐桓公略高一点儿，有些发福；后面的两个臣子，一个壮而黑，一个壮而黄，前者是管仲，后者是曹沫。他们商量好了似的，迈着几乎一致的步伐，缓缓地向坛走去。

两溜台阶一西一东，从地面升到坛上。按照礼仪，宾自西而登，主自东而登。

虽然竭力镇定，鲁庄公还是不由自主地向东瞟了一眼：高大的齐桓公，脸有些夸张地昂着，胸也向前挺着，目光好像并不看地上，但步子却不乱，右脚登上第一级台阶。跟在鲁庄公身后的曹沫，正被管仲打量：嘴唇右上方有一颗大黑瘊子，赫然入目。目光前视，随台阶上升。身材硬直，仿佛一块木板。两个膝盖似乎不会打弯，显得有些机械。整个人一步一顿地、悄无声息向上移动。他的双臂紧贴两肋，似乎刻意不甩动，看起来是那么的不舒服。

上了坛顶，曹沫迅速环视一周：当中站着隰朋，一身礼服，刚才升坛的声音，就是他发出的，主盟的傧相（bīn xiàng）由他担任。隰朋面前的案上，陈放用以盛血的铜盘，日光下闪闪发亮。两旁土筑的台，叫作反坫，陈有酒器。距齐桓公东北不远，立着一根柱子，系着一头肥大的牛，通体白色，没有一根杂毛儿，在日光下显得极不真实，仿佛来自天上。

"哞——哞——"牛突然叫了，曹沫心中一惊。

在隰朋面前，在案前，齐桓公自东，鲁庄公自西，走到一起，躬身致礼。

早有人将案上的铜盘拿了，去拴牛的柱子前。站在柱旁的人，将鲜红的血滴进盘中。持盘的人跪于地上。

钟声訇訇（hōng hōng），鼓声咚咚，仿佛自天边来。

铜盘端过来，交到隰朋手上。一脸整肃的傧相，面向前方跪下。他抬起头，似乎不看齐桓公与鲁庄公，即将歃血为盟的两国之君，又像用目光将他们聚拢在一起。齐桓公昂首迈步，走向盛血的铜盘。

就在他要低头吮血之际，鲁庄公身后的曹沫，突然一个箭步冲出来，左手揽住齐桓公右臂，右手从怀中抽出剑。

剑柄，紧紧攥在曹沫手中，剑身向上，寒光闪烁。

"曹大夫意欲何为？"管仲跳到齐桓公一侧，上前阻拦却是迟了。

曹沫死死揽住齐桓公，面向管仲说：

"鲁弱齐强，连年遭受侵伐，如今国境线距离曲阜不过五十里。齐国打着济弱扶倾的旗号，就是这样对待友邦的吗？"

"曹大夫有何要求？"

"要求——"曹沫嘴唇右上方那颗大黑瘊子颤动着，"归还侵占我鲁国的汶阳之田！"

剑影投在铜盘里的血上，一晃一晃的。

曹沫一个箭步冲出来，左手揽住齐桓公右臂，右手从怀中抽出剑。

"君上答应他！"管仲对齐桓公说。

先前笼罩在鲁庄公头顶的那朵黑云，这会儿移到了齐桓公头上，将齐桓公被曹沫劫持的样子，奇怪地投影在地上。

汗布满齐桓公的额头，他脸色苍白。

"君上答应他！"管仲的声音再次响起。

一阵短暂寂静过后：

"好！好！寡人答应！寡人答应！"齐桓公左手指天："齐归还鲁汶阳之田！天在上！天在上！"

曹沫狠狠地盯着齐桓公的脸，缓缓地将他放开。那剑脱手而出，高高地，划出一道弧线，跌到地上。地面夯（hāng）得实实的，剑弹跳了一下，安静下来。

曹沫退回鲁庄公身后，惊魂未定的齐桓公盟誓。

仪式完毕，两君两臣下了台阶，走回各自队伍。

面无表情的齐桓公，极力压住心头的怒火。快到队列时，脸上的怒色越来越大。

"曹沫大胆，在我齐国的地盘上，众目睽睽之下，竟敢挟我君上。今日定要囚了鲁君，杀了曹沫，方能除去天大之辱！"一向沉稳的王子城父，从齐国臣子中走出来，站到齐桓公面前，一脸凛然。

"本是友好之会，怎会如此？！"跟随而至的隰朋，还没从刚才的一幕中回过神来。

"鲁国一向号称礼仪之邦，竟有如此之举！"说完，宾胥无闭上了厚厚的双唇。

"要挟之下订立的盟约，可不兑现！"说话的是开方。这位来自卫国的公子，眼睛斜视，看人看物总像打量别处。

愤怒之声渐渐平息下去，一旁的管仲发话了："匹夫有言，尚且不能失信，何况一国之君？！不可背弃誓言！不归还汶阳之田，是舍不得眼前的小利；囚禁鲁君，杀掉曹沫，是贪图一时之快。如今北杏同盟之国尚不稳定，眼下要鲁亲附而又不成，若得长远，如何是好！失信于诸侯，他们就会叛离；诸侯叛离，发号施令又从何谈起？君上定要说到做到，决不可违背约定！用武力征服，不如用利益束缚；用利益束缚，不如用信义结交。欲做天下霸主，信义为上！"

齐国大治

天朗气清，把一个美好日子赐予人间。一年一度的春社。晨曦初露，城里城外，上至士大夫，下到庶民奴隶，以及居留齐国、前一天刚从别国赶来的人，水波一样，向宫城前的社坛聚拢。临淄，仿佛一朵方整的硕大的花，积攒了一个晚上的渴望与力，忽然盛放。

社神，生长五谷、带来万物的土地之神，正在凡人看不见的高处，等待接受隆重的祭祀。

社坛三丈见方，东铺青土，南铺红土，西铺白土，北铺黑土，中央铺黄土。苍天在上，将风，将雨，将雪，将霜，随时播撒在万众瞩目的坛上。坛前案上，陈放名为少牢的牺牲，一羊、一豕。巨大的青铜礼器上，繁复的花纹与金属的光泽，香烟缭绕静穆极了。男红女绿，人声鼎沸。身着礼服的齐桓公，迈着不疾不徐的步伐，走向坛北，冕上十二串小玉珠轻轻晃动。

仪式开始，喧闹渐低，但停不下来。一株粗大的栗树，将庞大的阴影笼罩上牺牲，好似提示人们不要忘记了它。春风徐徐吹来，碧绿温热的汁液在枝干上奔涌，正在催开急不可耐的叶。

南方的楚，西方的晋，北方的燕，没有哪个国家的春社像齐国这般热烈。那些常年行走于国外的人都这么说。王城的也比不上，王子城父毫不犹豫地认为。越来越热烈，一年比一年热烈。男的女的，老的少的，贵的贱的，美的丑的，迎面相逢，匆匆打着招呼，或者来不及相认。看前面人的颈，脚后跟又被踩了。这幅人山人海的景象，仿若海市蜃（shèn）楼，映在远方的人眼里，让他们惊叹、羡慕、嫉妒。每年，总要挤丢一两个人，繁华在街上几天不散。

钟声钻进耳朵，鼓声好似响在肚皮上。音乐，让人想起东海之水，浩荡深杳，上遮挡了天，下淹没了地。驱散一圈儿一圈儿人的场子上，社舞开始表演了。舞者脸上的表情仿佛是凝滞的，不断挥向半空的长袖，静止的造型，看似散乱实则有序的起落、进退、旋转。阵阵喝彩，犹如申池边上竹子春夜拔节，此起彼伏。

"不知鲁君还会不会再次赏光？"行完仪式的齐桓公刚刚站定，斜眼的开方满脸堆笑挤了过来。

臣子们想起鲁庄公前来观社的事，那还是在六年前，比起今年的场面，早已不可同日而语。

"上有社神，下有宁戚，风调雨顺，粮食丰登！"仲孙湫把众人的思绪迅速从别人那里扯回。

宁戚衣着朴素，身上总是带有田野的气息。闲下来时——虽然这样机会不多——脸上挂着微笑，显得更加淳朴。一旦开口，才会发现他的头脑是那么清晰、敏捷。

"全靠管大夫的一揽子措施，戚也不过稍作补充而已。"宁戚说话时的眼神，仿佛沉浸在某件遥远的事里。"农民早晚在田里劳动，安心生产，农活儿越干越顺手。将地划成各类，平均分配，大家没有怨言。按照好坏优劣，分级收租。由原来的三年一调换，延长到十年，激发了农民开垦荒地的积极性。农忙时节，不占用他们时间。按时开放、封闭山林川泽，使其取之不尽用之不竭。"

"农业是本，在我们齐国，自太公始，虽在壮大工商的同时，一直不曾放松，但还从来没有像今日这般兴旺。"齐桓公朝社坛那边看了看。"去年鲁国饥荒，臧孙辰带着鬯（chàng）圭和玉磬前来买粮。"齐桓公抬眼，目光越过人群，远眺东方。"寡人听说丁氏所藏粮食，可供三军之师的用度。"

"粮多则国富，富然后强。"宾胥无回答。

"寡人听说，将一百粒黍排列起来，取其长度作为一尺。陈大夫，是这样吗？"

七年前，为避国内之乱，陈公子完来到齐国。齐桓公让他做客卿，他一再推辞，最后接受了工正之职。

一股一股的烟，从东南而来，飘过上空，投下长长的弯曲的影子，移向西北。宫城之外东南一带，作坊集中，平日里听到叮叮当当的声响，闻到金属略带腥甜、皮革微微发臭、木材清香、染丝时草木灰的苦涩……

"寡人听说，铸造金属时颜色会变化？"

"譬如铸造青铜，先是黑浊，接着黄白、青白，最后变青，就可以着手工作了。"

"帛怎么练？"齐桓公又问。

"先用楝叶灰汁浸，再用蚌壳灰水泡，滤水去污，清洗，染上蚌壳灰，过一夜，再往上浇水，滤水。白天在日光下暴晒，夜晚悬置在井水里，七天七夜。"陈完棱角分明的脸，在日光下微微发红。

"这叫水练。"

"如此复杂！"

早年，齐桓公爱穿紫衣，紫帛价格上扬，有人把质次的素绢染成紫色赚钱。在管仲的劝告下，他不再穿紫了。

"陈大夫，寡人听说在我齐国作坊齐备，无所不有。"

"——应有尽有。治木的七种，轮人、舆人、弓人、庐人、匠人、车人、梓人；治金的六种，筑氏、冶氏、凫氏、栗氏、段氏、桃氏；治皮的五种，函人、鲍人、韗（yùn）人、韦氏、裘氏；施色的五种，画、缋（huì）、钟氏、筐人、㡛（huāng）

氏；琢磨的五种，玉人、榔（jié）人、雕人、矢人、磬氏；制陶的两种，陶人、旊（fǎng）人。"陈完的好记忆让人折服。"君上刚才所问练帛，是帧氏的工作。"

"齐国的丝织品誉满天下。"

"天时好，地气佳，材料精美，工艺巧妙，有此四者，可以得到优良器物。齐国温暖而不燥寒，土质沃饶，桑林丰茂，枝叶碧润，适宜养蚕，所吐之丝细滑柔韧，光泽晶亮，织好后，无论染还是绘、绣，工匠又都驰骋想象，风情独具，上好的衣、裳、冠、带、鞋流通列国，为人抢购。"

"齐国女子人称美丽，衣饰增光添彩不少！"紧跟齐桓公身后的寺人貂，见缝插针。

开方斜了一眼貂，没像往常那样打趣他。

"君上，难得这样的好日子，何不深入街巷，与民同乐——"开方没有合上嘴巴，仿佛等待答应。

君臣出了库门，折向东，顺着宫城东墙朝北而去。沿途之人见到他们，纷纷避让。春还不深，但在日高时分，拥挤之中，无不鼻尖沁出细小汗珠，身体有些发热了。

宫城之后便是市场，还没到，便听到杂乱的吆喝声。一阵箫声，尖尖钻进耳朵里。鲁国的书刀、宋国的斧头、郑国的刀、戎狄的弓、吴越的剑。来自北方的马、牛、羊、筋、角，来自西方的木、皮、玉、石，来自南方的梓、姜、犀、齿、丹砂、玳瑁（dài mào），当然也有来自东方齐国本地的鱼、盐、漆、丝与丝织品。盐、铁由政府专卖，商人买后再行转手。白花花的盐，一堆一堆耀人眼睛，大小铁器到处都是。带着腥味的各种各样的鱼，活蹦乱跳，新鲜地闯入人的眼帘。

"前年减税，只征五十之一，各地商人潮水一般涌来。""或征关税，或征市税，只征一次，只有齐国如此。""听说管大夫还有免税的打算。""根据货物多少给予优待，一车免费用餐，三车连牲口的饲料也免，五车更是增加五名人员的服务。""也只有齐国才设女闾，这可留住了客商的心。""想不到滨海之都临淄，能成天下大商会。"衣饰不同的客商，操着夹杂各自乡音的齐语。

长有几分狄人模样的易牙，追上鲍叔牙问道：

"鲍大夫，鲍大夫，您最爱吃盾鱼，不如干脆将盾鱼叫鲍鱼算了。"齐桓公与臣子们听了，哈哈大笑。

"易牙，你的鱼腹藏羊那道菜，寡人百吃不厌！"易牙精于膳食，将羊肉塞进鲤鱼肚子里，烹出鲜美的菜肴。

"易大夫鼻子舌头，天下第一，他能辨出淄水、渑（shéng）水的不同味道。"貂瞧瞧易牙，又盯住前头兴致盎然的齐桓公。

"时候还早，我们何不到申池边上游览一番。"有人提议。

一行出了市场，擦过宫城西北角，斜斜地西南而下。鱼的味道，在鲍叔牙与易牙两人心头散了。

"这些年，有不少别国的人来齐定居。仲父，寡人想来，有了人，才有一切，一切都是为了人。齐国能有今日，是因为有你与那些人才。良禽择木而栖，人才何尝不是这样，哪儿好就往哪儿去。"

"宁大夫来自卫，陈大夫来自陈，他们在齐建功立业。"管仲看见前头王子城父高大的身影。"城父大夫来得早，他操劳军备日夜不息。"此刻，王子城父由社坛里那株大栗树，想到制作箭杆。陈列在社坛一隅的各式武器，锐钝、重轻、精粗、巧笨，他在心下反复捉摸。

"五官当中，有两位不是齐人。"国懿仲总结。

"易牙来自狄，开方来自卫。"齐桓公补充。

到处都是人，哪儿都不少。在齐桓公一旁的隰朋，接过了话茬："在鲁的季劳，在卫的徐开封，在宋的商容，在燕的匽尚，在晋的审友，在楚的曹孙宿……他们交好诸侯，立下功劳。"

看着闾阎整齐，与国懿仲并肩而行的高傒感慨："管大夫制定的'三选'，可与'五官'并美。"

每年正月乡良人上朝，齐桓公询问有无文、武出众之人，可以安排进入官府任职；年终，官长书面报告新官政绩，推选能力突出之人；齐桓公召见推选之人，进行对答，卓才异能之人加官晋爵。乡良人推荐，官长选拔，齐桓公鉴定，谓之"三选"。高傒、国懿仲治乡，乡良人治连，连长治里，司里治轨，轨长治家。一级一级自上而下，人民乐于修身做事、好学上进。

"好比一辆车，有轮，有舆，有辀（zhōu）。

轮又分为毂（gǔ）与辐。毂由牙、轵（zhǐ）、贤、篆、凿、薮（sǒu）组成，辐由蚤、骹（qiāo）、股、蓄组成。舆、轵同样可以细分。车之运转，缺一不可。一个小小部件的不力，或者损坏，车就会受到影响。"管仲环视左右，"人各在其位，各谋其职，上下各层，历历分明。"

出了申门，到了申池。竹林密密将池围绕，澠水向北流出。池水映出岸边竹影与天上云影、偶尔掠过的鸟影，宁静极了。澠水潺湲，清亮可掬。自门洞里，偶尔吹来一股细风，让人身心俱爽。

"那次鲁君前来，寡人与他曾在此赏竹。"

"鲁君来前，曹刿劝谏，没有观看祭祀社神而相会诸侯的，行为不符合礼。"鲍叔牙打量着身边摆动的一簇枝叶。

"鲁君还不听匠师庆劝谏，当年秋天，让人将桓宫柱子漆成红色，次年春天又在桷（jué）上雕刻花纹，这也是违反礼的。"东郭牙添上一句。

管仲在大谏一职外，又建立了啧室之议。他对齐桓公说："黄帝有明台之议，尧有衢室之问，舜立告善之旌，禹立谏鼓于朝，汤设总街之庭，武王设灵台之复，听取民众意见，以补为政过失。"

喷室是纳谏机构，人们有什么建议、意见、不满，可到喷室陈述。负责喷室之议的，是东郭牙。

"君上以何为贵？"管仲发问。

齐桓公抬头看天，"以天为贵！"

"什么是'天'？对于君上来说，不是头顶这莽莽苍苍的天，而是百姓。"

齐桓公醒悟过来，"仲父说过，敬天、畏天"。

众人一时严肃，风吹过，竹子斜向西北，飒然有声。

黑毛猎犬环儿叮当响，
那个猎人英俊又善良。

黑毛猎犬环儿大套小，
那个猎人英俊又雄骁。

黑毛猎犬环儿环重环，
那个猎人英俊又能干。

远远地，路上晃过一个年轻猎人，甩开双臂，前面一只猎犬撒着欢儿。无疑是去猱（náo）山打猎。他是如此兴奋、如此幸福。齐桓公与臣子们看在眼里，不禁颔首。

时光正好，祝他满载而归。

北伐山戎

　　"若不是齐兴师发兵，光临敝国，深入北方苦寒不毛之地，剪除山戎，燕不知又有多少城郭化为废墟，多少人民遭受欺凌，多少财物被掳掠去，甚至宗庙倾覆、社稷毁灭，都不是不可能的。"

　　燕庄公脸大，显得身量有些矮，他一边说，一边用细小的眼睛望向齐桓公。

　　并辔（pèi）而行的齐桓公，一边倾听，一边凝视远方，缓缓说道：

　　"岂止是燕，山戎加祸华夏，已非一国两国，也非一次两次。鲁、郑、曹、齐，哪个没有受过侵扰？鲁国两次与其结盟，两次奋起反击。七十余年前，山戎侵郑，郑庄公用公子突之计，设了埋伏将其击败。之后不久，又威胁齐。先君僖公求救于郑，郑庄公派公子忽出征，俘虏大良、少良两帅，斩首三百甲士，给了他们一个大教训。就在十多年前，寡人也讨伐过一次。"

"听说当年，他们还将访鲁返回的王室大夫凡伯，半路上给捉了去。"

"这些禽兽！"

"武王分封我先君召公，建立燕国，本为设置东北屏障，保护王室免受戎害，不料如今自身尚不能保，以致有劳出征。"

"对我中原构成威胁的，北有戎，西有狄，南有蛮，东有夷。尤其戎、狄，攻城略地，杀人越货，实属可恨。山戎巢居东北，燕国最先受它侵害，边境受其毁掳，反反复复，寡人多有耳闻。"

燕庄公又眯起眼，望着齐桓公说："再谢救燕之恩！"

"此次受到告急之邀，齐国朝廷并非没有反对之声——"齐桓公转身，看到燕庄公那张殷切的脸。"有人说，燕国不是我们的盟友，齐国多次举行会盟，一次也没见过燕君身影。有人说，出兵山戎，路途险远，敌人凶恶，还要三思。但寡人与仲父不这么想——"齐桓公捋了捋胡子，"仲父说，山戎侵燕，诸侯谁也不应独善其身，齐国更不能坐视不管、袖手旁观！"

云在天上悠悠驰过，畅快流动的易水，早被东南而行的大队人马抛在身后。踏上返程之路的齐国之君与三军将士，送别的燕国之君与随从，以及垂头丧气的山戎俘虏，一起向前行进。

"那次误入荒漠，亏得几匹老马，将我军带了出来。"经过酷寒，经过风沙，隰朋面色有些憔悴，但两眼依然清亮，仿佛沙中泉水。"管大夫是怎样知道老马能够识途的？"

管仲面目黑青，半年的磨难似乎没有留下任何痕迹，他对隰朋说道："隰大夫，当年仲与鲍大夫，贩过一段时间的马。我们从燕国带回漠北的马，一路赶到齐、鲁、卫、曹等国出售。那时知道老马记路，只要走过一趟，下次让它在前面导引，就不会出错。"管仲舔了舔厚厚的唇："那次山戎筑坝断水，陷我军于干渴之中，隰大夫让士卒循着蚁穴，掘出泉水，至今记忆犹新。"

齐军驻扎在伏龙山下时，山戎截断水源。隰朋告诉齐桓公：蚂蚁筑穴，往往在靠近水源之处。夏天山北阴凉，蚁穴在山北；冬天山南温暖，蚁穴在山南。现在是冬天，寻找蚁穴，当在山南。就近挖下去，可以得到水。传令下去不久，山南传来阵阵欢呼，士卒顺着蚁穴，果然掘出一股一股清冽的水。

平原广阔，望不到头，天气还不到热的时候，但走着走着，仿佛一脚踏入夏天。

"听说齐军将至，山戎就收兵了。还是管大夫说得对，我们若是撤兵回来，他们不久又要加兵于燕。戎人岂有信用可言！"宾胥无说，"这次把他们收拾了，燕国北境，将会平定安宁。"

"先前他们与鲁国定了盟约，又去侵扰，哪讲信用！"王子城父愤愤地说，"以其人之道，还治其人之身！"他乘的是燕国赠送的车，拴在马屁股后的鞧（qiū）带，让他心底微微赞叹，真是柔软又结实。"山戎惯用埋伏，伏龙山前，管大夫让你我二人率兵，一左一右埋伏下来。他们前来挑战，想将虎儿斑引入圈里，不想虎儿斑再不上当，听到鸣金勒马而归。山戎一声锐利呼哨，将事先藏于谷中的人马引出，合力来攻，哪料被你我两路大军，杀个七零八落，损兵折将不少。"

"依君上与管大夫的商议，鲍大夫驻守葵兹，屯聚粮食，才使前方部队无断炊之忧。"宾胥无又道。

"丁氏藏粮之多，不是亲眼所见，不敢相信，竟够我三军人马几个月的用度。"鲍叔牙惊叹，"当时征用，什么可作抵押？还是管大夫想得出，用那只龟。什么都有价，为何那只龟无价？叔牙以为那只龟，附上的不是什么神性，而是不可毁弃的信用。"

"一只龟，可以抵押三军近半年所需的粮食，这在戎人看来是不可思议的。"宾胥无感慨。

"他们不守信，也轻信。"王子城父右手按在精美的剑柄上，"攻打孤竹城时，管大夫设计，虎儿斑精选心腹，扮作城中百姓混进去，半夜放起火，我等攻打三面城门，只留北门放行。他们也不想想，打开北门就逃，没跑多远，便被我军掩杀殆尽。可怜传了多少代的一个国家，从此灰飞烟灭。"当时埋伏在北门外的，是隰朋与王子城父两支人马，孤竹君为王子城父所获。

一群黑鸟掠过上空，抛下的迅疾影子与尖细啼鸣，让人耳目一振。

> 风伯为我驾车兮，
> 俞儿为我指路。
> 如同飞鸟兮生出羽翮，
> 翻越高山兮不再艰难！
> ……

后面队列中，忽有士兵哼唱起来。先是一个，接着两个、三个，顷刻之间汇成一片。仿佛为了应和，那群黑鸟又飞了回来，在头顶的天空低低划过。于是士兵们的歌声，更加热烈嘹亮。

"想不到管大夫还会作歌！"是寺人貂。

大军穿越卑耳山时，道路崎岖，草木纠结，人、马与车，一时竟被束缚，寸步难行。管仲作上山、下山两支歌，大家一边合着节拍哼唱，一边剑砍戈劈。草木倒下了、让开了，道路变平了、加宽了。马儿迈开蹄子，车轮轻快地转动。

"寡人今日才知，唱歌可以鼓劲儿。"

管仲回答说："昔时臣在槛车中，怕鲁人反悔追来，作《黄鹄歌》，押解的人唱着，忘记劳累，便走得更快了。"

"这是什么道理？"

"人如果劳累，精神就会疲倦；精神如果愉悦，就会忘掉劳累。唱歌，可以忘掉劳累。"

"仲父通达人情物理，竟到如此地步！"

"说来也怪！"鲍叔牙车后的连挚，对着并排而行的貂说道："那次歌里唱到俞儿，之后果然碰到了它。"

齐桓公一边赞叹管仲，一边赶车在新开的山路上前进。忽然，他睁大双眼，紧紧盯住车前，一手举弓，一手抽出一支箭，搭上，却停在那里。"你们看见车前的人了吗？"左右的人一愣，揉揉眼睛，使劲瞅去。

"有什么啊？什么都没有！"

"我怎么看见一个小人儿，一尺来高，戴着黑冠，穿着红衣，光着两脚，向我打躬作揖……"

管仲走到跟前："正是方才歌中所唱俞儿，俞

齐桓公一边赞叹管仲，一边赶车在新开的山路上前进。

儿是北方登山之神。臣听说，得到天助的君王方能目睹。君上今日碰见，是天大的幸事！对面迎接，是让君上前去征伐；向右掀起衣襟，表示从右侧可以渡水。"下山便是卑耳溪，兵士打探回报，左侧水深及冠，右侧才刚至膝。

齐桓公驻足岸边："仲父真是圣人啊！"

"那是什么？"听到惊呼，人们仰头。只见东边天空，显现一座城池，有城墙、城门、角楼，城中宫室突出，街巷整齐，车子驶过，人头攒动，影影绰绰，变幻不定。

"——海市！"齐燕一带的人，见怪不怪，但在此刻目睹，大家还是兴奋极了，他们一边赶路，一边仰头观望。

"周灭商后，为了辅佐王室，周公、太公、召公居留镐京。成王幼时，周公为太傅，在前教其治国道理；太公为太师，在左教其决断大事；召公为太保，在右教其纠错改邪。"齐桓公对燕庄公语重心长地说："成王殁时，召公与毕公是顾命大臣，他们辅佐康王登基。召公兢兢业业，为开创成康之治立下汗马功劳。民间至今仍在传唱一首《甘棠》

之歌，据说当年召公南巡，从不扰民，有次在一株棠梨树下办公，之后人们将树保护起来，不让砍伐，以示纪念。"

"在下怎敢忘记！"

"燕君当继召公之风，襄助王室。"齐桓公话题一转，"寡人听说，燕国断了王室之贡已经很久了，何不续上，以明心志！"

从燕庄公额上的皱纹里，渗出细细的汗珠："从今开始进贡，从今开始进贡！"

"君上止步！君上止步！"管仲之车一个急转弯，挡在了齐桓公车前：

"臣听说，诸侯送别，不出自己的国境！"

齐桓公一惊，车停下了。只顾说话，他与燕庄公并驾齐驱进入齐地，已有五十里。猛然被勒住的马，不情愿地放下蹄子，鼻孔呼哧呼哧喷着气。齐桓公看了看管仲，目光落在燕庄公身上：

"寡人不能无礼于燕君，凡是燕君车轮所至之地，割让于燕！"

燕庄公一时不知所措："不敢！齐君千里迢迢，拯救燕国于水深火热，一朝大败山戎，又将齐地五百里相送，燕国已经受之有愧，若再得五十里，实在不敢！"

燕庄公几番推辞，齐桓公总是不许，只得收下，才依依不舍掉头而返。

后来，燕人在所受之地筑城，名曰"燕留"。有说是齐桓公留地于燕之意，有说是将齐桓公之德留念于燕。

"鲁君不讲信用，本与寡人约好，一起救燕，孰料出尔反尔，却不发兵。仲父，先不还国，挥师前去问罪！"齐桓公举袖拭去脸上涔涔（cén cén）的汗，又补上一句："鲁国与山戎时盟时战，总是首鼠两端。"

"不可！"管仲皱眉："鲁国与山戎定盟，一次是在鲁隐公时，一次是在鲁桓公时，至于如今的鲁君，两次与寻衅滋事的山戎开战，不可谓怯。失信于齐，据臣所知，实是施伯畏惧前程凶险，鲁君心下实想出兵。如今我军远征归来，还未返国，半路却要兴师近邻，实在不妥。诸侯不能亲附，君上怎为天下霸主？"

"就这样不了了之？"

"依臣看来，可将一半俘虏与战利品，送于鲁国。送去俘虏，是要鲁君生出没能出兵之耻；至于战利品，献于周公之庙，则是表明重修太公周公旧好，以期鲁国感激于我，归顺于我。"

貂回过头，看见一长溜儿的俘虏，有的佩覆面饰，有的戴大耳环，衣襟左掩，披头散发；一车车战利品，有三足的鬲、粗大的弓、上好的毛皮，还有管仲特意吩咐带回的葱与豆，葱细短，豆大而饱满。貂想："易牙见了葱会高兴，可当调味品；宁戚见了豆会欢喜，可做粮食播种。"

第二年齐国伐莒，鲁国下令，凡成丁男子，一律出发助齐。后来孔子感慨，圣人可以转祸为福，以德报怨。

安定三国

　　天还没黑，月已升起。客馆中的商人们，猛一抬头，看到圆圆的月亮，边缘光芒闪烁，照亮西边房舍，清澈极了。毕竟进入秋天，空气中起了凉意。凉意侵身，白天的劳累顿时一扫而光。

　　一个卫国商人正在整理车上卖剩下的布。晒了一天的布，散发着阳光的味道。一个邢国商人走过来，称赞布好。"就是太少了，以前，每次可以拉来五车，如今有一车就不错了！"卫国商人扭头，但没停下手里的活儿。"我们君上，就穿着用这种粗布制成的衣裳！"他将放整齐了的布，啪啪拍打。

　　"都是因为可恨的狄人！"

　　"那些禽兽一样的东西！"邢国商人白天总

是笑嘻嘻的，这会儿一脸严肃。"管大夫就对齐君说过。"

五年前的冬天，狄人扑向邢国。邢国向齐求救。齐军北伐山戎回来，还没有恢复元气。是否出兵，齐桓公犹豫不决。管仲说："戎狄之人就像豺狼，贪得无厌；华夏各国互相亲近，不能抛弃。安逸好似毒药，不可贪图。诗中有言：'难道不想回家吗，只是还要执行竹简上的军令。'这竹简上的军令，说的就是要同仇敌忾、忧患与共！"于是齐国集合部队，向东北而行奔赴邢国，狄军闻风而退。

两年后的冬天，狄人又压向卫国。

"白花花的，他们涌过来了。"卫国商人脸上坑坑洼洼，在月光下看得清楚。他朝北墙下瞅了一眼，那里有辆车装着邢国商人的货物，白色狐皮，层层叠叠，心中老大不舒服——狄人就用这样的衣料。

卫懿公孤注一掷，带着人马前去迎敌，结果在荥泽大败。卫人一路慌乱向着东南逃至黄河边，宋桓公派兵于对岸接应。狄人进入朝歌，烧杀抢掳。卫人渡过河，在曹邑住下。清点了下，仅有七百三十人，从共、滕两邑抽出四千余人，勉强凑成五千。就地拥立公子申，可是不久他却死了。又从齐国召回公子毁，就是现今的卫君。

卫国商人不舒服的表情，邢国商人看在眼里。

"就在侵扰你们卫国的第二年夏天，他们第二次攻打邢国。这次来救援的不单是齐国，还有宋国和曹国，他们进驻聂北。狄人攻得猛烈，我们守不住，灰头灰脸的逃到联军那里。"

"听说三路大军在聂北时，鲍大夫向齐君进言，不要着急发兵，邢人坚持不住，必然溃败；狄人虽然胜利，损耗定然不少。到那时驱逐损耗大的狄人，救助溃败的邢人，出力不大功劳不小！"嗓音细而有力，原是鲁国商人过来了。他那细长的眉毛到了眉梢，突然向上立起。

"我也听过这样的话，不过记得好像是管大夫说的。"卫国商人看看鲁国商人，又盯住邢国商人，"怎会是管大夫？一定是造谣。管大夫一向反对戎狄，怎会让他们得逞！"卫国商人低下头，使劲擤鼻涕。

月亮往高里升，影子在脚下往短里缩。

"我们住在聂北，风餐露宿。在管大夫建议下，齐君让三国士兵在夷仪为我们筑城。我去过一次，站在远处看了半天。天气越来越热，他们满头大汗。又是挖土，又是竖木，整个工地弥漫着重重的泥土与木材味儿。当年夏天，我们就搬了过去。"邢国商人脸上露出感激之色。"齐君又送来一百辆车、一千名士兵，说是防止狄人再来。我们站在崭新的街边，欢呼不已。"

邢国商人还没说完，卫国商人已急不可耐地插言："筑城士兵没有回去，就从夷仪赶到楚丘，又为我们忙活开了。从最热的时候，一直干到冬天。我们也去工地上帮他们干些活儿。说错了，说错了，哪是我们帮他们，是他们帮我们！打夯的咚咚声，至今还在我的耳朵里，闷闷地响……"

"听说，在商议为你们筑不筑城时，齐国宫廷有过一次争论。"鲁国商人插话。卫国商人瞅见鲁国商人双睛，好似鱼目突出。"隰朋与宾胥无两位大夫劝道：'今天帮这个，明天帮那个，齐国财力怕要用尽了。'齐君问管大夫，管大夫认为：'不耗费一定财力，怎能赢得行义之名？不行义，怎能谋求霸业？不舍，如何能得？'齐君又问鲍大夫，鲍大夫还是那句老话不变：'听管仲的。'"

卫国商人似乎没在听，他将鲁国商人打断的话接着说下去。他说在曹邑时，齐君就让公子无亏送去三百辆车、三千名士兵帮助戍守。牛、羊、猪、狗、鸡，各三百只。又给他们君上送去驾车的四匹好马、五套祭服、搭建门户的木材，送给君夫人的则是用鱼皮装饰的车子、上等的彩锦三十匹。他感叹道："哦、哦，从没见过那么大的整张鱼皮，背上带有斑纹，腹下一片纯青。至于彩锦……"

鲁国商人再次打断卫国商人，说："可比我们的缟（gǎo）好多了，缟就是薄、轻、白，要说彩锦，齐国的才最精美。"

"是啊，是啊。"听到一个洪亮的声音，站成半圈儿的三个商人，把头朝向大门口，是打理客店的齐人。齐人身子单薄，但精神抖擞，仿佛总有使不完的劲儿。他一边应声，一边走过来。

三个商人有些尴尬，方才说的话，有些真不该出口。他们挤出笑来，像是要得到主人的原谅，如果哪句错了，就当他们没说。毕竟，他们只是商人嘛，嘴上说说而已。

齐人站定，朝鲁人的货物瞟了一眼，那是两车绨（tì）。为什么不带些缟过来？不过绨倒是好出手，它比布软，比帛粗、厚。"那些彩锦，用各种颜色的丝织成。蓝草、茜草、紫荝（liè）、丹秫（shú）、栎实，先染好丝……"仿佛闻到染料呛人的味儿，啊呸、呸——他干咳一声，却没有吐出来。

邢国商人想起齐人将茜草叫个什么来着？——靺鞈（mò gé）。靺鞈是赤红色蔽膝，蔽膝是遮盖大腿至膝的服饰。怎么把草叫成服饰？难道因为它们都是红色？红色的东西多了，咋不叫个别的？他早就想问齐人了，一直想不起。

鲁国商人忽问，齐人为何厚卫薄邢？像是自言自语。

"你不知道？"齐人惊讶，鄙视了下鲁国商人，然后对着卫国商人说："我们君上的母亲与两位如夫人，都是卫人，你们君上又是我们君上的外甥。"刚在曹邑即位旋即死去的公子申、现任卫君公子毁、与齐桓公一道又是救邢又是救卫的宋桓公的夫人、急急从许国北上呼吁救卫的许穆公的夫人，乃是一母同胞，母亲宣姜是齐桓公的姊妹。即位以前，公子毁还曾居留齐国多年。

"我在田野急急行，地里麦子密密长。欲赴大国去陈诉，谁可依靠谁为援？……"卫国商人轻轻哼起许穆公的夫人所作的那首《载驰》。听到卫国蒙难，她不顾许穆公拒绝伸出援手，不顾许国臣子们的阻拦，不顾路途遥远，驾车而往，赶到曹邑吊唁。她的爱国之举，感动了卫国上下。

邢国商人有所感触，他说他们君上前去聂北求救的时候，见了齐君，一把鼻涕一把泪，实在不像个样子。哪像人家卫君，虽然荒唐，但到最后一刻英勇赴死，也算为自己洗去了污名。

卫懿公喜欢鹤，喜欢得不得了，让鹤乘坐轩车，又加官晋爵。鹤的清唳响彻宫廷，朝歌上空飞成一片。人们走在路上，迎面被鹤拦住。狄人来了，没有人愿意出战，他们叫嚷，"让鹤去吧，让鹤去吧！"卫懿公后悔了，他将国都托付给两位大臣，给了夫人绣衣，掉头而出。乘着战车，捐躯荧

卫懿公喜欢鹤，喜欢得不得了，让鹤乘坐轩车，又加官晋爵。

泽。出使陈国归来的大夫弘演，找到卫懿公的尸体，以己之身埋葬了卫懿公。如此荒唐的君上，却有如此忠诚的臣子。

"哪像我们鲁国，接连两位君上遭弑！"鲁国商人叹道。

鲁庄公有三个弟弟：庆父、叔牙、季友。庆父与鲁庄公夫人哀姜私通。鲁庄公病了，在床榻上问叔牙谁可为继，叔牙回答说是庆父；又叫来季友，季友说他愿以死奉鲁庄公与孟任的儿子般为君。季友出来后，让人鸩（zhèn）杀了叔牙。鲁庄公去世后，般继位。两个月后，庆父让人杀了般。季友逃到陈国。鲁庄公与哀姜的妹妹叔姜的儿子启被立为君，就是鲁闵公。

齐桓公二十五年（前661）八月，鲁闵公到齐国落姑与齐桓公会盟，请求帮他召回季友。"大约也就是四年前的这个时候，他们见的面。听说，鲁君拉着我们君上的袖子，泪流不止。他才八九岁呐，知道庆父与哀姜欲再作乱。我们君上答应了他，季友回到鲁国。"齐人绘声绘色，好像他也参与了会盟。

"当年冬天，你们仲孙大夫又来鲁国。"鲁国商人望着齐人，似乎表示感激。"仲孙大夫是看鲁国安不安定。听说闵公像见了亲人，哭得话都说不成了。那时，庆父与哀姜步步紧逼。仲孙大夫了解一些情况后就回去了。回去后他对齐君说："不除掉庆父，鲁国灾难就不会停止！"齐人、卫国商人与邢国商人，几乎异口同声附和道。

闵公二年八月，庆父又让人杀了鲁闵公。季友带着鲁庄公与成风的儿子申，逃亡邾国。鲁人再也忍不下去了，奋起反抗。哀姜逃到邾，庆父逃到莒。季友于是带申回鲁，拥立为君，就是鲁僖公。季友让人从莒国引渡庆父，到了密地，庆父碰上了公子鱼，让公子鱼为他在季友面前求情。等啊等，听到公子鱼哭着过来，知道没有指望了，庆父吊死树上。

哀姜与庆父的丑事，在泰山南北传得沸沸扬扬。齐桓公恼怒，哀姜是齐国公室之女，不杀她，无以昭示天下他是个主持正义的霸主。管仲劝道，哀姜是鲁夫人，要杀，也得是鲁人。齐桓公让人从邾国引渡哀姜，到了夷地，秘密杀掉了。有说是鸩杀，有说是自杀。死后，将其尸体送归鲁国。

"鲁国尚不安定，齐君派高大夫，率领三千士兵到曲阜，以平我们国内之乱，还帮我们修筑城墙。"月光下，鲁国商人的眼眶有些湿润。

"鹿门到争门那一段。"卫国商人接过话头。鹿门是曲阜东南门，争门是北门。

"不对，是争门到吏门那一段。"邢国商人反对。吏门是西门。

似乎没有听到两人争论，鲁国商人继续说道："至今，我们鲁人还在怀念高大夫。"

"作为霸主，就要救难分灾、讨伐有罪。管大夫这样劝勉我们君上，我们君上也是这样做的。"齐人昂首，牙白白的。

"那个善哭的公子鱼，作的一手好歌！"鲁国商人对着卫国商人，想起他刚才哼的许穆公夫人的歌。"如今我们鲁国，正在兴建閟宫，从徂徕山上砍下松树，从梁甫山上砍下柏树，工匠们又是度量，又是劈削，柱、梁、橼、桷，成堆地制造出来。新庙又高又大，渐渐显出模样。听说，公子鱼正在酝酿一首新歌来赞美。"

月亮当头，影子缩到脚下不见了。客店房舍脊上的瓦，一排一排历历分明。咯吱咯吱，他们听见牲口咀嚼草料的声音。它们像人一样，享受着安定生活的香甜与美好。

南扼荆楚

从没见过齐桓公如此愤怒，他在堂上来回踱着步子，双手交叉身后，忽又分开，右臂使劲一甩，宽大的袖子带起一阵风。"蔡……蔡……蔡君可恨！如……如此藐视寡人，寡人非攻……攻打蔡国不可！"

暮秋。一天，齐桓公与夫人蔡姬荡着小船在申池上游玩。蔡姬很高兴，两手握住小船的一侧，使劲地摇。船中的齐桓公，一左一右地晃动。"不要摇、不要摇！"他愀然变色。"咯咯、咯咯……"蔡姬笑着，她更起劲了。

蔡姬来自蔡国，淮水边上长大的她，哪知北方人对水的恐惧。齐桓公一气之下，派人将她送回蔡国。其实，齐桓公只想教训她一下。不料其兄蔡穆侯恼上了齐桓公，竟把妹妹又嫁人了。也有人说，再嫁之意出自蔡姬本人。

"君上，此事本是夫妻之间嬉闹引起，以此伐人之国，难以服众。"管仲站出来。

齐桓公上前两步："寡人要大会诸侯，踏灭蔡国。不报此仇，誓……誓不为君！"齐桓公的脸涨得通红。

"借诸侯之力以泄私愤，会毁了君上的仁义形象！"

"哼！不报此仇，还做什么君？——人都难做！"

齐桓公不依不饶，谁不也敢吭声。许久，还是管仲接上话题："迫不得已，不如以伐楚为名，攻打蔡国。"

"伐楚为名，攻打蔡国？"有人嘀咕。

还是隰朋最能明白管仲："接连三年，楚国侵郑不止。我们与诸侯三次会盟谋救，可一次也没成行。郑乃我们亲附之国，即使情形危急，也没背叛。楚国假手于郑，分明是在挑战齐国。打着伐楚的旗帜，在朋看来最好不过。可是——"隰朋迟疑，"眼下楚国已从郑国撤兵回去了。"

"楚为大国，必得小心谨慎。夷吾在想，不如以天子名义，前去讨伐。"

"是啊，是啊。"有人附和。

鲍叔牙献策："楚子僭（jiàn）用王号由来已久。夷王之世，熊渠就曾称王，到了厉王时，王室强大，他才不敢了。后来接连三世又称王，什么武王、文王，还有如今的熊恽。爵位是子却称王，置王室于何地？我们不如就用这个名义讨伐它！"

话刚落地，宾胥无又献一计："当年昭王死于汉水，我们前去质问楚子，到底怎么一回事？"

昭王之死扑朔迷离，一直没有定论。世人普遍接受的一种说法是：他曾两次兴兵征楚，一次是在他为王十六年时，一次是在十九年时。第一次取得胜利。第二次渡汉水时，船到中流突然散架了，落水淹死。原来当地的工匠，只用胶黏合了船板。周军伤亡惨重，甚至有人说是全军覆没。

"楚国多年没向王室进贡包茅，夷吾想来，这个名义说轻也轻，说重也重！"管仲扫视众人："如果楚国承认，说明自认有罪，我们替天子征讨就没错；如果不承认，说明他们无视王室，自己先不与华夏诸侯同列，而这，是历代楚子最不愿接受的。至于伐蔡名义——"众人似乎忘了齐桓公的目标在蔡，管仲继续说："郑、蔡同是我们的亲附之国，楚连年侵郑，郑尚且不背叛，蔡却因此小事弃齐附楚，实在可恨。何况，与郑一样，蔡也与王室同姓。"

齐桓公三十年（前656）春，天气尚冷，齐、宋、鲁、陈、卫、郑、曹、许八国之君，各率本国人马，合在一处，浩浩荡荡南下。人们从没见过如此声势浩大的阵容，经城过邑，纷纷驻足观看。

不想蔡国不堪一击，还没进攻，都门大开，军队溃散。蔡穆侯早在前一天夜里，偷偷带人西南而下，投奔楚国去了。各国军队上空，欢呼声久久不散。七国之君，为能站在这样一位霸主麾下感到自豪。但是，齐桓公却有些莫名失望，本想快意一下，不料就像一块大石头，挟着千钧之力，结果碰上茅草，轻轻地滑下，陷进淤泥里。

楚国毗邻蔡国，联军挥师而往。

已有一人，进入队伍最前面齐桓公的视线

里。那人将车停在道中，仿佛单等联军最高领袖来到跟前：

"楚国使臣问候齐君！寡君听说齐君统率各路诸侯，光临敝国，特遣小人在此恭候多时！寡君遣臣询问，齐国在北，楚国在南，相距千里，即使牛马相逐，也不会碰到一起，孰料齐君风尘仆仆前来，敢问缘由？"

管仲对齐桓公示意，斜对着楚国使臣，答道："以前召公令我先君太公，公、侯、伯、子、男各地诸侯，如不侍奉王室，随时可以讨伐。然自王室东迁以来，诸侯多有怠慢，寡君决心继承先志，辅佐王室。楚国包茅久不上贡，王室举行祭祀时，没有东西用来缩酒。寡君前来责问，却是为何！"

楚国荆山生长一种香草，名叫菁茅，一茎三株，上多毛刺。拨下束捆，叫作包茅。祭祀时，将包茅立于匣中，酒自上浇下，渣滓（zhā zǐ）滤在其中，液汁沥下，是谓缩酒。

"久不贡物，岂止楚国？然则寡君知罪，今后定当进献。"楚国使臣一口应允。

没料到答应得如此痛快，管仲又问："昭王南巡一去不返，寡君再问这是为何？"

"昭王不归，寡君实在不知，听说是船的原因，要问，请到汉水边上。"楚国使臣嗓音清亮。

见其挡了回来，管仲换了话题："王室分封在汉水北岸的一些国家，多少年来被你们不断蚕食，日渐稀少。他们多是姬姓之国，与王室同属一脉。楚国置天子血缘于不顾，又是为何？"

"齐自建国至今，兼并他国还少吗？远的不说，近的就有纪、谭、遂！"楚国使臣毫不退让。

双方的人屏神静气，侧耳倾听。管仲回答："纪侯不顾与齐同姓之谊，向夷王谮言，致我先君哀公被杀，此是世仇，齐国容纪又存在了多少世，已很厚重。当年寡君出亡路过，谭君不予接待，回国继位，又不祝贺，罪上加罪。至于遂，置寡君邀约于不顾，缺席敝国举行的北杏之会。"管仲的声音大起来："请问楚国覆灭汉水北岸诸多国家，可有什么理由！"

"嘶——嘶——"楚国使臣车前的马叫起来，似乎在催促了。

"贵国君臣之意，小人将回复寡君。"楚国使臣向车驭使个眼色。马掉头，他向齐桓公行礼、告辞。

看着楚国使臣抛下一路烟尘，齐桓公与管仲满腹狐疑。蔡国不战而败，已使齐桓公心下不爽，不爽归不爽，也没多想，以为总是联军声势过于强大，蔡君怕了。此时楚国使臣半路等候，让他惊讶。"楚人怎知他们要来？"齐桓公问。"一定有人走漏了消息，"管仲暗自琢磨，"这人会是谁？"

走漏消息的不是别人，正是此刻齐桓公身后不远处的寺人貂。原来在宫中，貂与蔡姬熟络。当日遣其归蔡，齐桓公派的人就是他。到了蔡国，生气归生气，蔡穆侯倒没亏待貂，送上厚礼。为获更大回报，貂把齐将联合各路诸侯侵蔡伐楚的消息，差人告知了蔡。

楚国既已知晓，定然做了防备。联军虽然兵强马壮，但是深入楚地，多有不利。昔年昭王南征惨败汉水的事，涌上管仲心头。他想，若是交锋，胜负暂且不论，双方伤亡不可估量。称霸不在征伐，而在归附。联军前进，至径，管仲命令驻扎下来。大军压境，横行汉水两岸的楚国，不怕不来求和。

西南有座径山，大军驻扎山前。山上山下，长

南扼荆楚　99

着梓、樟、楠、楩（pián）等高大树木，以及或疏或密的竹子。毕竟与北方不同，春未至，却是一片青碧，仿佛冬天没有来过。

时间一天一天过去，总无动静。

"千里劳师而来，怎不速战速决！"说话的是陈国大夫辕涛涂。

"呃，无论齐胜，还是楚胜，郑国总是倒霉的命！"申侯本是楚人，后来在郑国做了大夫。

"楚国屯兵汉水之南，我们在此，都在避着锋芒。"说话的是鲁国大夫季友。

"既然随齐而来，那就听从安排吧。"许国大夫百佗性子极慢。

各国的兵士也在交流。楚国令尹子文诞生的故事，为人乐道。

传说若敖娶了郧国之君的女儿，生下斗伯比。斗伯比尚小时父亲就死了，他随母亲居住郧国。谁知与现任郧国之君的女儿、他的表妹有了私情，生下儿子。郧夫人让宫人将婴儿弃于云梦泽。一日郧君行猎至泽边，见一只老虎哺乳一个婴儿，大为惊讶，回家告诉了夫人。夫人说出隐情，郧君让人抱回婴儿，取名斗谷於菟（wū tú），字子文。

"楚语奇怪，哺乳叫'谷'，老虎叫'於菟'。"有个曹国的兵有些纳闷儿。

"这只老虎，怕是用草扎的吧！"有个宋国的兵讽刺道。

"国语不同，我们齐人叫锄作'镃（zī）镇'。"大概来自霸主之国，齐国的兵落落大方。"听说你们齐人把麋（mí）子叫獐子，是不是？"一个陈国的兵笑了。有时，山上跑下麋子。一次，远处竟然出现一头黑苍苍的兕（sì），许多人还以为那是野牛呢。

到处郁郁葱葱的树木，遮挡了天，不知不觉夏天到了。

一天，楚国大夫屈完，忽然带着一车包茅、八车金帛来到。

在众人的注视中，沉重的车停下，屈完拜见齐桓公道："寡君已经知罪，特意呈上包茅，请齐君过目之后进贡王室；另备八车薄礼，送与八国之君，略表心意。犒（kào）劳有所怠慢，望恕寡君之罪。只要联军后退一舍，寡君敢不唯命是从！"

一天，楚国大夫屈完，忽然带着一车包茅、八车金帛来到。

"既已进贡如旧，寡人夫复何求！"齐桓公欣然作色。

联军于是后退三十里，驻扎召陵。

齐桓公邀请屈完与他同登一车，共阅八军阵容。齐桓公在右，屈完在左，中间驭者高高执辔，车缓缓而行。所过之处，鼓声阵阵，旌旗猎猎，将士们昂首挺胸，行注目礼。

"屈大夫见过中原军容吗？"

"完僻居汉水之南，未曾目睹。"

"有此阵容，何战不胜，何攻不克！"

"君为中原霸主，替天子布泽天下。若是用德，何人不服？若是用力，楚国以方城山为城，以汉水为护城池，虽有百万之众前来，又有何惧！"

"屈大夫言重了，寡人不远千里而来，岂是为了开战，不过想与你们君上重修旧好！"

"齐君千里迢迢莅临敝国，为寡君带来恩惠，寡君怎敢不听！"

屈完代表楚子，与齐桓公及其他七位国君，依次举行盟约。

召陵之盟的内容不得而知，但在齐桓公统率的诸侯大军压境的情形下，楚国重新对王室进贡包茅，表明齐桓公霸主身份得其默认，也为周天子赢得威望，楚国，暂时停止了北上扩张的步伐。

葵丘之会

　　终于等到这一刻。人群忽然骚动起来，但又迅速趋于平静。纷纷踮脚望之，车马过来，宰孔缓缓进入人们渴切的视线。他是那么威严，又是那么亲切。好像没看任何一个人，又好像目光掠过了每一个人。车停在坛前，灰尘在车后缓缓止住。此起彼伏的欢呼声，衬得他更加镇静了。

　　太宰周公孔，作为王室使者，代表周天子出席在葵丘举行的大会。

　　宰孔前来，携着当今天子的一份殷切之情和一份感激之意。

　　召陵之盟后，隰朋前去王室，汇报联军楚国之征。事毕，求见太子，周惠王脸上划过不快。不一会儿，来到隰朋面前的，除了太子郑，还有少子带。原来周惠王宠爱带，想要废郑立带，一直踌躇不定。隰朋回到临淄，将周惠王的心事细陈。

"不能随便更换太子！"管仲听后坚决反对。他生出一计："君上请求天子，说是诸侯欲见太子，郑露面，太子身份自然白于天下，以后天子想要擅自废立，也就难了！"

慑于齐国强大，周惠王不敢不听。次年（齐桓公三十一年，前655）夏天，齐、鲁、宋、陈、卫、郑、许、曹八国诸侯聚于首止，太子郑与会。郑将父王心事告知齐桓公，末了说："带暗地里蠢蠢欲动。"

齐桓公毕恭毕敬地说："小白当与诸位尽心尽力，太子勿忧！"齐桓公与各路诸侯，天天宴请太子，不觉大暑过去秋风起。远在王城的周惠王，背上好似扎了根芒刺，怏怏不乐。带与他的母亲朝夕在侧，总说郑的坏话。

齐桓公三十三年冬天，周惠王驾崩。太子郑一边封锁消息，一边派人日夜兼程，报与齐桓公。齐桓公立即召集除郑国以外的六国相会于首止（今河南商丘），与王室使者在洮（táo）地盟誓。随后，郑国加入。八国各派大夫夜以继日赶往王城。得到诸侯支持的太子郑登基，是为周襄王。

周襄王即位后，为了表彰齐桓公拥戴之功，葵丘之会特遣宰孔前来。

即位以来，齐桓公举行过数次会盟，筑起过一座又一座高坛，但从来没有筑过这么大的坛。坛上中间北边，又有小坛。高大的坛屹立天地间，仿佛中心，瞬间将四面八方的人与物吸引。

登坛南望，一丛一丛的葵长得正绿，天际处一条细线，乃是黄河。

宰孔升坛，一步一步，渐升渐高，上了大坛，又上小坛。各路诸侯依次迈步登坛，左右分立两边。东为齐桓公、宋襄公、鲁僖公、卫文公，西为郑文公、许僖公、曹共公。西边尚有晋国一席，晋献公还没到。坛上诸人庄严肃穆，静待程序进行。坛下众人将目光聚焦坛上，屏住呼吸。

只见宰孔面朝东南，向着齐桓公说："天子在宗庙里祭祀文王、武王，特遣孔将祭肉赐予伯舅。"

周天子称同姓诸侯为伯父或叔父，异姓诸侯为
伯舅。齐国姜姓，故作伯舅。按礼，宗庙祭肉只赐
同姓。

宋襄公一愣，右眼余光瞥向齐桓公。

这几天，在葵丘宋襄公是人们议论最多的一
位。他的父亲宋桓公去冬离世，守丧期间不必出
席，但他来了。有人说葵丘在宋境，齐桓公选择宋
地，就是要他共续旧好，怎能不来？有人说此会意
在安定王室，他以天下为重。人们赞扬他的让国之
美。宋襄公，名兹父，有个庶出的哥哥叫目夷。兹
父对病中的父亲说："目夷年长，又仁，让他做太
子吧。"目夷回答父亲说："能把国家让出去，还有
比这更大的仁吗？我比不上兹父，况且又是庶出，
于理不合。"目夷避走他国，兹父这才作罢。

宰孔双手捧着祭肉，等待齐桓公接受。

站在齐桓公对面的郑文公，看到祭肉，想起首
止之会时，周惠王恼怒，让宰孔赐予楚成王祭肉，
以拉拢楚国制衡齐国。

首止之会期间，周惠王派宰孔私会郑文公，让
他背齐从楚。郑文公半路回国，没有参加盟誓。齐

宰孔双手捧着祭肉，等待齐桓公接受。

桓公大怒，次年纠合诸侯伐郑，下一年又找个理由讨郑，郑文公屈服。郑国重新归服后，齐又与鲁、宋、陈、郑在宁母结盟。与会的郑国太子华，趁机劝齐桓公除去与他有隙的郑国三位贤大夫，称愿做内应。管仲制止了齐桓公，他说："华身为太子，却要凭借大国力量削弱自己的国家，一定不能免于祸患。"冬天，感于齐桓公拒绝太子华分裂郑国的阴谋，郑文公前往齐国结盟。

听到宰孔的话，在一片羡慕的目光中，齐桓公站了出来。人们发现，叱咤风云的霸主，在日光下，须发全白了，脸上布满皱纹，高大的身躯有点儿弯了。不知是老了还是激动，他的膝盖颤抖了一下，但迅速地，他就站定了。齐桓公挺起宽阔的胸，昂起坚毅的脸，挥动垂了半天的袖子。

他要走到小坛前的两溜台阶之间，向北再拜稽首。天子没有来，但虚位在上，依然要行臣子之礼。

"且慢，还有命令——"宰孔清了清嗓子，直视齐桓公。他的右腿已经迈出，停在那里，左脚离开了地。"天子派孔转告：'伯舅年纪大了，又有功劳，特别赐加一级，不必行跪拜之礼。'"

齐桓公将左脚着地，停在那里。鲁僖公看了看右侧的宋襄公，宋襄公一身黑色丧服，怔怔地站着；又看了看左侧的卫文公，卫文公穿着白色的粗布衣裳，两片嘴唇紧闭。鲁僖公察觉出他们内心的不平静。

"这遵从的是什么礼？"鲁僖公困惑道，"功劳再大，也要依礼行事！"

齐桓公不知如何是好，他转过身，望着侍立在旁的管仲，想要一个回答。管仲正对着他，说："做君的不像做君的样子，做臣的不像做臣的样子，就要引发祸乱！做君的有此一番好意，做臣的——不可不敬！"

齐桓公看到，管仲黑青的脸膛由于激动，有些发紫，眼里冒出不可遏制的火，那是他熟悉的制止他的言行的火。那火翻卷着，似乎表示，如此重大的场合，一言一行都在诸侯眼里，你再功高盖世，也还有一个高高在上的天子不可逾越！

齐桓公将身子摆正，对着肃立上方的宰孔说："天子的威严近在咫尺，小白岂敢贪受天子的优待而不下拜？不下拜，岂不辜负了天子的恩赐，给天子带来羞辱。"齐桓公语气由洪亮而低沉，又仿佛自言自语道："岂敢不下拜，岂敢不下拜！"

众人静静地注视，齐桓公重新迈开步子。那步子犹如注入了力气，踏在坛面上坚定而笃实。他向西北方向走去，走到小坛前的两溜台阶之间。以老迈之躯，行跪拜之礼。自西侧台阶登上小坛，从宰孔手中，接过那束似乎凝结了万千情意的祭肉。双手捧着，齐桓公觉得既轻又重。由于日晒，那束早已干了的祭肉，有些热了，泛出幽幽的油脂光泽，香气消失殆尽。

一团黑色的蠓虫，上下左右翻卷着，从许僖公、曹共公面前飞过去，直冲而上，瞬时又散开了。

赐予齐桓公的，除了祭肉，还有赤色的弓与配套的箭，以及装饰华美的大车，画有两条蛟龙、垂有九条带子的锦旗，辕门两旁悬挂的红色的大旗。

在隆重、热烈的气氛中，受封仪式结束了。

好似从一场战斗中抽身，齐桓公一下子轻松了。礼节既已完毕，自然不必再绷紧神经了。诸侯一一下坛，归入各自的队列。齐桓公等着宰孔下了小坛，走了过来。他们并肩徐行，步下大坛。

走着走着，齐桓公忽然说："寡人听说三代有封禅之事，典礼是怎样的呢？太宰广闻博记，可以告诉我吗？"

宰孔一惊，随即定下心神，他直视前方，并不去看齐桓公："所谓封禅，封是封泰山，禅是禅梁父。封泰山，就是在泰山顶上，筑起一座坛，用水银和金粉为泥作饰、以玉制成的检祭天，向天汇报功劳。禅梁父，就是在梁父山上，扫地而祭，车用蒲草裹轮，席用秸秆编织——"

"为什么要这样？"

"用蒲草裹轮，是怕车驶过时，伤了山上的草木虫豸……"

"三代都城距离泰山、梁父皆远，尚且封禅。"没等宰孔说完，齐桓公打断对方，急于说下去。不知何时，一只碧绿的螳螂飞落颈后衣上，两只前臂伸开，仿佛两柄执拗的带齿小刀。"两山都在东方，距离临淄不远，寡人也想学习先王，举行封禅仪式。太宰以为如何？"

宰孔诧异极了，他扭过头，瞥见正在爬向齐桓公衣领的螳螂，觉得此时趾高气扬的齐桓公，与其背上的小虫何其相似。

片刻，宰孔开口道："天高地厚。三代兴起，乃受天地之命，所以才有封禅之举，作为回报！"

丝丝凉风拂过，黄昏来临。不知从哪儿飞来一只乌鸦，落在齐桓公高大的帐上。赶来的管仲抬头，乌鸦歪着小圆脑袋直视着他。似乎有些熟视无睹，但又时刻保持警惕。乌鸦黑漆漆的羽毛泛出紫蓝色。"哑哑——哑哑——"颈项上一圈儿白羽，仿佛一个紧紧的箍儿。

"听说君上想要封禅，有这回事吗？"

齐桓公似乎有点儿不好意思，却又有些不以为然："怎么，仲父不信？"

"古时候有过封禅之举的帝王，共计七十二家，臣所知道的，仅十二家，他们是无怀氏、伏羲氏、神农氏、炎帝、黄帝、颛顼（zhuān xū）、帝喾（kù）、尧、舜、禹、汤与成王。受命于天，然后才得以封禅。"管仲一口气罗列了十二家帝王，没有停顿。"君上想要封禅，有何功劳可与他们相比？"

齐桓公有些不服气："——怎么？寡人北伐山戎，踏平令支、孤竹；西征狄人，为邢、卫筑城，存其国运；南扼荆楚，有召陵之盟。为君三十五年，尊王攘夷，号令诸侯，匡正天下，是为霸主。兵车、衣裳之会，不知凡几。和古时的帝王相比，有何逊色？"

齐桓公仰视帐顶，昏黄的灯光摇曳。

"封禅乃盛大之典，要用鄑上的黍、北里的禾，作为祭祀的谷物。江、淮之间所产的三脊茅，作为祭物之垫。东海进贡的比目鱼，西海呈献的比翼鸟。此外还有十五种不召而至的祥瑞之物。"管仲听到，外面帐顶上那只乌鸦扑棱了一下。"如今蓬蒿、荆棘泛滥，而嘉禾不生；鸱鸮（chī xiāo）常至，而凤凰、麒麟不来。没有吉兆，而欲封禅，这怎么行？——这不可行！一意孤行，恐被天下所笑！"

乌鸦的扑棱声，也传到齐桓公耳中。他一边分辨来自帐外的声音，一边静听管仲之言。

"这——"齐桓公面露尴尬，于是打消了封禅的念头。一股微风吹入帐中，带进星光下葵散发出的清新之气。

平戎于王

　　门是新的，凑到跟前，丝丝漆味儿冲入鼻孔。一排排青铜乳钉，泛出金属的光泽，还没被日光、风与人来人往呵出的气蚀暗。仰视，依稀可见门洞顶部有大火焚烧过的痕迹，虽经修整也不能恢复本来面貌。守门人分立两旁，盯住王子虎与远道而来的管仲。进出门洞的人也打量着他们。

　　"都是可恶的戎人造的孽！"王子虎气犹未平。

　　去年夏天，扬、拒、泉、皋四邑与伊、洛流域的戎人，联合杀向王城。他们似一股骤起的风，呼啸而至。宰孔一边组织城内士卒抵御，一边向诸侯告急。戎人破城而入，在大街小巷肆意劫掠之际，闻听救兵将至，迅速撤退，走时在东门放了一把火。

王子虎的车在前，管仲的车在后，掉头向西南而去。

临淄不可谓小，但相比起来，王城自有一派京师风范。大道宽阔，并排可容九辆车，而临淄只能容七辆。车在中间，男右女左，于两旁而行。去年那场侵扰，人们似乎早已忘记，日子还像平常那样，一天一天并无不同。管仲向北，眺望屹立天地间的北山，松柏生长，一轮瘦日，仿佛取自水面的一块冰。城南，洛水与其支流伊水东流而过。洛水的鲤、伊水的鲂，潜伏冰下。

车停住，辀朝向北。

王子虎下车，管仲跟着下车，一前一后，迈向宫城。皋门高大，宗庙、社稷分立东西，庄严肃穆。宗庙里供奉着开创大周基业的太王与文王、武王之位。管仲不由想起，三年前葵丘之会上，宰孔将进献文、武之庙的祭肉，奉天子之命，赐予齐桓公一束，仿佛就在昨日。管仲双目湿润，抬起右手揉了揉。一绺黄白干枯的发，搭在鬓角处，是那么扎眼。外朝之北便是应门，门两侧是壮观的阙对峙。每年正月吉日，其上悬挂着王朝新颁的法规，万民簇拥而观。

治朝到了。在周襄王与一班臣子的欢迎中，管仲落座，王子虎落座。大堂恢宏，将人缓缓收纳。

接到王室告急令，秦穆公、晋惠公随即率师，一路赶赴。戎人撤退，秦、晋之兵各归其国。秋天，晋惠公遣使撮合戎主与王室，不料戎主非但不听，反将兵祸引向晋国。齐国远在东方，上次没来得及救周，如今岂能坐视不管？于是管仲至周、隰朋至晋，让戎人缔结和约。受到管仲诘责，惧于齐国之威，戎人骄横之气顿息，同意前往王室议和。事成，周襄王宴请管仲。

"孔代表王室，再谢齐君与管大夫好意！"管仲凝视太宰，太宰老了。

"寡君一生，致力于尊王攘夷，几十年如一日，不敢稍懈。此次来迟，还请谢罪于天子与诸位之前！"众目睽睽，管仲恭敬有加。

虽值隆冬，堂上暖意融融。香味弥漫开来，肉的浓郁、鱼的清新、五谷的芬芳、酒的甘洌，交织在一起。袅袅之气，仿佛在各人面前，升起缕缕

轻烟。食物种种颜色，缤纷交错。寒冷季节，王室
还收割着碧绿的蔬菜。洛鲤伊鲂，也从冰下被带
到了一张张几上。雕镂凤凰、饰以象骨的杯，等
待锃亮樽中的美酒倾注。细竹编成各式造型的筥
里，是红沉沉的枣子、栗子。方形的簠（fǔ）、圆
形的簋，盛满白色稻米、黄色小米。高脚豆中，
是齐整的腌菜与黑亮的肉酱。管仲猛然看到，膝
前几上，静静而立的俎内，是将牲体切成块的带骨之
肉。这叫肴蒸，也叫折蒸，或者折俎，乃是宴请上
卿之礼。管仲挺起有些佝偻的背，一脸严肃，面向
周襄王：

"齐国自有天子任命的上卿高、国二氏，如果
他们在春秋两季前来朝廷，接受天子的命令，王室
将用什么宴礼招待？夷吾只是低贱的官员，位在陪
臣，今日至此，断然不敢接受肴蒸之礼！"

齐是侯国，设三卿，两卿天子任命，一卿国君
任命。高、国两氏世为上卿，管仲虽是齐桓公的执
政大臣，握有重权，但爵属下卿，职高而位卑。

"管大夫昔日之于寡人，有定位之功；如今之
于王室，有平戎之劳。"比起当年，周襄王从容多

了。他的声音，低沉雄浑。目光仍是那么恳切，好像从不迁回跌宕。"你有卓著的功勋，又有美好的德性，寡人是忘不了的，请不要违背寡人的心意，接受这宴请上卿之礼吧！"

管仲臀部离开了腿，身子微微前倾，朝着堂上的周襄王说：

"诗中有言，'和蔼平易的君子，是神所庇佑的'。愿天子不让仲违背礼节，免遭神的遗弃！"

堂上寂然，食物的香味丝丝缕缕钻进人的鼻孔。

"祭天用全蒸，与诸侯行站立的饮礼用房蒸——"周襄王回答，"然而人不能食。只有这肴蒸，虽是招待诸侯上卿之宴，却最受用。天下谁人不知，管大夫辅佐齐君，立下不世功勋，又对王室垂照有加，破格赠送，有何不可！"

全蒸是将整个牲体置于俎中，不煮熟。房蒸也叫体荐，是将半个牲体置于俎中，但只虚设，宾主并不食。

"昨日戎主前来，按照礼节用了房蒸。他们的血气犹如禽兽，没有经过文化，虽属规格更高之礼，可是又有何用！"王子虎的语气里，分明带着对戎人的无比轻蔑，这轻蔑当然来自仇恨。

"依齐而言，当称舅父；但管大夫与我王室同姓，可称叔父；叔父不是外人，何必谦让！"

说来话长，管氏出自周文王第三子管叔鲜。

管仲仍不肯接受。众人面面相觑，有赞叹，有不解，也有不置可否。周襄王将目光投向宰孔，寻求答案。"好吧，好吧，"宰孔先环视一遍窃窃私语的同僚，像在思考，然后望着周襄王，嗓音沙哑，"管大夫既然深明如此，依臣看，恭敬不如从命，那就改为下卿之宴，管大夫请安坐吧！"

乐舞开始，是《大武》。咚咚咚，击鼓不歇，震得人心跳荡。武士们手执戈盾，山一样凝立。歌调悠长激越，让人喘不过气来。表演周的威武之师将由镐京出发，前去北方攻打商都朝歌。

片刻，武士们忽地分作两排，挥动着戈、铺延着盾，波涛一样散开……队列两侧有两人高举金铎，哗啦啦地摇。近处的琴、瑟弹拨，远处的钟、鼓、磬、镈（bó）敲击。音乐昂扬，舞蹈热烈。一个伟大的王朝，正在完成上天赋予的神圣使命，将商剪灭。这是第二段，《大武》最为壮观的部分。观赏的人屏住呼吸，眼望场中。管仲苍老的心春花般怒放，衰弱的双耳努力倾听——

英勇果敢王师，能够韬光养晦。
一旦形势有利，率师披挂出征。
我今荣幸承受，武王辉煌功业。
王之后生小子，效法先王不辍。

歌咏之词，叫作《酌》。

"武王斟酌情形，顺应时势，才建立下不朽功业。后世子孙，当以武王为榜样。"管仲感喟："如今戎狄之祸，如死灰复燃。十年前的春天，诸侯为卫筑城楚丘。今春，又为楚丘筑起外城。不是防狄，又何必这么费劲！"他的目光，越过面前的樽。"攘夷，缔结和约也不失为暂时之计。正如歌词中所言，要'韬光养晦'，等到时机成熟，再'披挂出征'。"

"寡人不能忘记鼎门之火！"周襄王举杯停在半空，"洛邑乃周公当年营建而成，居天下之中，为九鼎所在。"他将杯使劲一捏，"不料在寡人手里，竟然遭此横祸！"

洛邑包括王城与成周两座城池，以瀍（chán）水为界，一西一东。鼎门是王城东门之名。

"戎狄之祸不绝。太王就被逼迫，由豳（bīn）迁到岐山下的周原。幽王之世，申侯联合缯国与犬戎，烧掠镐京，又将我王杀害于骊山之下。不得已，平王把都城东迁王城。史书有载，东迁不久，辛有大夫在伊水边，看见戎人在野外祭祀，头发披散，衣襟左掩，升起不祥之感：'不到百年，这里恐怕要变成戎人居住之地了！'如今，王城果然有此一劫。不过——"宰孔将脸一沉，"这还不是伤筋动骨之灾。也许，只是个警告，我们以后必须小心才是！"

众人的思绪回到去年夏天，食物腾起的热气好似也凝滞了。

"戎狄与华夏，从来战和相间，有攻伐，也有通商、婚姻之好。帝喾是华夏族，妃子简狄不是有戎氏的女儿吗？他们生下契。契，开创了殷商五百余年的基业。"周襄王似乎忘记了东门之火，"寡人日夜犹不能解恨的，是太叔！"

太叔即王子带。周襄王即位后，王子带不甘心。戎人进入王城，正是他招引的。周襄王讨伐王子带，王子带逃奔齐国。

"以庶代嫡，以幼代长，是我大周时时要提防的。犬戎之祸，起因就是幽王废掉太子宜臼，而立伯服。有此大难，后世之王却不记取，屡有所犯。子克之乱，子颓之乱，如今又有子带之乱，一波接着一波。"宰孔坐在那里，身子后仰，像是要将陈年往事一股脑儿地全都倾倒出来。

周幽王之孙周桓王，生前不喜欢太子佗，临死之际将庶子王子克托付给周公黑肩。佗继位为周庄王，黑肩打算杀掉周庄王，改立王子克为君，与辛伯商量，辛伯劝他不要这样做，黑肩不听。辛伯将其阴谋报告了周庄王，周庄王在辛伯的帮助下杀死黑肩，王子克逃奔燕国。而周庄王，也像其父一样，宠爱庶子王子颓。到了周庄王之孙周惠王时，王子颓联合五位大夫发动叛乱，驱逐周惠王，自立为天子。第三年，郑、虢（guó）联军攻入王城，杀死王子颓，周惠王得以复位。周惠王，又像其祖周庄王一样，宠爱庶子王子带，若不是齐桓公与诸侯鼎力支持周襄王，不知要掀起怎样的血雨腥风，看似风平浪静，却发生了戎人入城焚门之祸，虽说有惊无险，但以后呢？

"是啊、是啊，教训不可不记取！"颓叔、桃子应道。

乐舞到了第五段，武士们再次一分为二，左右两排象征周公、召公分陕而治。

"兄弟之情，如何是好？"富辰向武士们瞟了一眼，"当年周公、召公辅佐武王，兄弟怡怡。武王驾崩后，他们又尽心尽力辅佐武王的儿子、他们的侄儿成王。如此情形，为何后来不见了呢？为何要演变成同室操戈呢？"

"三年前葵丘之盟，立有五条盟约，其中后三条，便是不要更换太子，不要以妾为妻，不要让夫人参与国事。幽王之过，在于犯了这三条，以致酿成大祸，身死城破，人民流离，王室东迁。后世之王，也总是触碰第一条。不要更换太子——"管仲将手中的杯放在几上，陷入沉思。"这还不够。就是宠爱过甚，也会给后人带来不尽的祸乱！为君王的，不可不慎、不可不慎啊！"众人看到，管仲眉头紧皱，黑青的脸上，皱纹，似乎更加粗大了，密密地挤在一起了。

临终论相

    蒙蒙雨丝，仿佛初秋之兽腋下生出的毫毛，弥漫了天地。齐桓公下车，颈上顿感一股嗖嗖凉意。驾车的那匹黑马的臀部，在雨里泛出一小片白光，闪烁不定。齐桓公抬头，看见高大华丽的门。

    管鸣候在门旁："君上冒雨前来，有失远迎！"

    透过门望进去，雕梁画栋在雨幕后，虚幻极了，好似隔了很远，缺了好大一块。迈前一步，缺了的地方显现出来，别的地方又隐没了。干净整洁的地面，落下了几片枯黄卷曲的桐叶，雨打在上面，发出沙沙的声音，犹如针脚一般细密地扎着。管鸣的身量乃至神气，酷肖其父，只是声音有些不同。也许是几个月来照料父亲的缘故，他要尽量压低嗓子，以免惊扰。

"咳——咳——"室内传来的咳嗽，像是在打招呼。管鸣早将齐桓公要来的消息，告诉了父亲。

映入齐桓公眼里熟悉的脸，明显消瘦，但并没脱形。额头有些阴沉，皱纹一道一道的。左右眉弓上，几根细长的白眉毛，突兀地伸出，向两边分开。两颊塌陷下去，随着呼吸一起一伏。站立时的庞大身躯，如今卧在榻上，好像短了一节，在衣裳下有些萧索。眼神依然炯炯，望着来人。

齐桓公上前，握住管仲伸来的右手。"仲父可要在家安心养病啊。"

一阵安慰过后，齐桓公问道："仲父不能上朝议事，垂教寡人，敢问寡人委政于何人合适？"

"知臣者，莫若君。"管仲侧过脸，"君上以为何人合适？"

齐桓公似乎有所准备："鲍叔牙如何？"他用双手摩挲管仲右手，像是老朋友。"鲍大夫原是寡人师傅，当年是他力排众议，向寡人推荐了仲父。仲父辅佐寡人，九合诸侯，一匡天下，成为霸主。由他来接替仲父，继承老朋友之志，也好。"齐桓公

齐桓公看望病榻上的管仲，求教可以接替管仲的人选。

脑海里，浮现出一桩往事。

那年幽地会盟归来，想到各路诸侯归附齐国，齐桓公大宴群臣。喝到高兴处，鲍叔牙举起斟满酒的杯，站了起来："叔牙听说，英明的君上与贤良的臣子，即使在欢乐当中，也不忘遭受的耻辱，以此激励自己。臣希望君上不要忘记出亡莒国，管大夫不要忘记曾为槛中之囚，宁大夫不要忘记当年为人饲牛。"

齐桓公猛然而起，向鲍叔牙深深一拜，目光寻出管仲与宁戚，然后环视群臣道："那些寄人篱下的日子，寡人与两位大夫怎敢忘记；牢记在心，才是社稷之福！"

见管仲没有吭气，齐桓公又说："管鲍之交，天下谁人不知？交情深厚，才能最为相知啊！"

管仲的思绪回到几十年前，他与鲍叔牙前往南阳贩货的时光。南阳在泰山之南，原属于鲁，后归了齐。他们走在风和日丽的平野上，回头，泰山仿佛拔地而起，遮挡来路。人的心气，不由高大。鲍叔牙比他小一岁，他们结交后，一起度过了艰辛、苦涩却充满深情厚谊的岁月。

"当年臣与鲍叔牙一起经商，我投的资少，他投的资多，可每当分利时，我拿的多，他拿的却少。有人为他鸣不平，说我贪婪。鲍叔牙回答，夷吾家里贫穷，又有老母要奉养，多取一些有何不可？臣有几次为鲍叔牙出谋划策，不料都不成功，反而使他陷入更大的困顿。鲍叔牙安慰我说，时运有利与不利，不是你的点子不好。先君在世时，臣曾几次出仕，都被辞退。鲍叔牙上门宽慰，不是你做不了事，是那些在上的人发现不了你的才华，使用不了你的能力。臣也有过当兵的经历，每次打仗，冲锋时总是在后，撤退时反而奔跑在前。别人笑臣胆怯，鲍叔牙替我辩解：'他这样做，是因为家中有老母亲，他要是牺牲了谁来照料？'"

管仲这会儿精神不错，他坐起来，缓缓感慨道："生我者父母，知我者鲍叔牙也！"

这话，管仲不止一次说过。侍立一隅的管鸣，想起那次鲍叔牙患了重病，父亲三番五次前往，有时干脆夜里不回，一直陪伴左右。宁戚探视，见管仲吃不下饭，喝不下水，不由说，父子、兄弟尚且不能如此，朋友这样，也是罕见！

管仲又说道："生我者父母，知我者鲍叔牙也。士为知己者死，马为识其者良。鲍叔牙如有不幸，天下有谁知我？为他做这点儿事，又算得了什么！"

"不可！"出乎齐桓公的意料。管仲动了下身子："鲍叔牙刚硬、固执、强悍，刚硬容易对百姓使用暴力，固执得不到众人之心，强悍难以使下属为其所用。有这样的性格，不能做霸王的辅佐之才。"

这话后来传到易牙耳里。有一天，易牙在路上碰到鲍叔牙，说："管大夫执政，是您鲍大夫推荐的。如今他病了，听说君上问谁可继任，第一个提到鲍大夫，他却一口否决。我的心里，很是为您鸣不平！"鲍叔牙哈哈大笑："这正是我推荐管大夫的原因，他以国家为重，而以私交为轻！"

齐桓公脸上掠过一丝尴尬，他又开口问："隰朋呢？"

"可以。"管仲脱口而出："隰朋坚定、清廉、无私、守信，坚定足以为人表率，廉洁可以治理国家，无私能够团结臣民，守信则可亲睦诸侯。隰朋既能识别贤人，效仿他们，不耻下问，又能怜惜不如自己的人。就是居家，他也不忘庙堂之事。"似是意犹未尽，管仲又道："隰朋能容人，鲍叔牙不能容人。鲍叔牙对不如他的人，不屑为伍；见到别人的过失，便念念不忘。鲍叔牙过于善恶分明、疾恶如仇。"管仲咳嗽几声，想吐，又吐不出。"天生隰朋，就是为了接替臣的吧。这么多年，隰朋可以说是臣的手足。可惜——"管仲嘴角流出涎水。"可惜身体不在了，手足岂能独存？臣担心的，是隰朋为君所用，恐怕不能长久。隰朋也老了，怎能长久于人世？"

管仲叹口气，眼望梁上。齐桓公伤感起来，当初五位大臣，只剩鲍叔牙与隰朋了，宁戚、王子城父与宾胥无均已辞世。

"唧唧——唧唧——"忽然蟋蟀的叫声响起，声音似乎来自门后。透过镂花门窗，外面的雨下得更大了，室内昏暗下去。

齐桓公打破沉默："如果隰朋不幸追随仲父而去，貂是否可以考虑？"

"貂？"管鸣心中一惊，"那个寺人？"

不知为何，寺人貂总会使他想起那年北伐山戎，有人从孤竹带回的那只貂。猫一样的细长、毛黄之物，柔软无骨。安静地趴在那里，突然又一跃而起。

"不行！"管仲将右手从齐桓公双手里抽出，瞪大眼睛。"为了入宫，自行净身。身体都不爱惜，怎会拥戴君上？"

貂本是贫寒人家的孩子，聪明伶俐。先是做了齐桓公的外侍，为了做内侍，他自宫了。齐桓公喜欢他，将内宫事务交付给他。齐桓公的三位夫人王姬、徐嬴、蔡姬，六位如夫人长卫姬、少卫姬、郑姬、葛嬴、密姬、宋华子，有貂管理，彼此相安。貂善于奉迎，揣摩出齐桓公好美食、好女色，于是推荐了易牙、开方。他们很讨齐桓公的欢心。

齐桓公继续问道："易牙怎样？"

一个连水味都能辨别的庖厨，该烹调出怎样的美味啊。易牙超妙的技艺，让齐桓公常有不可描述的饮食之欢。一天，齐桓公剔着牙问："还有什么山珍海味，寡人没品尝过？易牙，寡人在想，唯有人肉没有！"本是一句玩笑，易牙却记在心里。

几天后，易牙却献上了自己的亲骨肉。齐桓公想："连自己的孩子都能奉献的臣子，会有怎样的一片赤心！"

"不行！"管仲明显凸出的喉结，一上一下。"人哪有不怜惜自己孩子的？自己的孩子都不怜惜，怎会爱戴君上？"

齐桓公的声音低了下去："那么开方呢？"

那个斜眼儿？管鸣心里咯噔一下。开方本是卫懿公的庶长子，年轻时出使齐国，竟爱上了它的繁华，不再回去。不在卫国做公子，却在齐国做大夫。齐卫相邻，可是开方十五年都不回国，父母去世也不去吊孝。

"不行！"管仲似乎有些生气，抬起右手摆了摆。"父母都不好好侍奉，哪能真心侍奉君上？"

雨越下越大，听见风吹雨、雨扑打物的声音。众人才发现，室内确实黑了。如果有人进来，定会奇怪，待在这么黑的室内为何不点灯呢？

"君上，还记得那年祭了春社，一起出城在申池游玩时，臣做的社鼠之喻吗？"管仲双目灼灼。

那次，齐桓公问管仲："治理国家最怕什么？"

管仲对道:"最怕社庙里的老鼠!"

齐桓公与众人一时蒙了,听他讲下去:"社庙是用密密的木头排在一起做墙,墙上涂抹泥灰。老鼠寄身其中。用烟火熏,怕烧着了木头;用水浇灌,怕冲掉了泥灰。社庙里的老鼠,人真拿它们没办法!君上周围环绕着一些小人,出则打着君上的旗号搜刮百姓,入则欺瞒蒙蔽君上。不诛与法不容,诛,又怕引起君上不满。他们危害最大,却难以治罪。他们就像社庙里的老鼠,肆无忌惮!"

"君上可还记得,有次一道视察马厩(jiù),君上问那里的事什么最难做时,臣是怎样回答的吗?"管仲转过身,向着齐桓公。众人这才发现,不知什么时候,齐桓公又握住了管仲的右手。

那次管理马厩的圉(yǔ)人还没回答,管仲就说:"最难做的,是树立栅栏。如果开始用的是弯曲的木头,后面就得一直用弯曲的木头;如果开始用的是直木,后面就要一直用直木。用了弯曲的木头,不能用直木;用了直木,不能用弯曲的木头。"

回去的路上,管仲再次扯回话题:"可是

治国，没有这么简单，正直臣子与谗佞（chán nìng）小人，同处殿堂之上。臣以前曾要求君上，亲近贤人远离小人！可是君上做的，远远不够！

"貂、易牙、开方岂能执政？他们虚伪奸诈、包藏祸心，臣在，他们不敢兴风作浪；臣若故去，他们一日不离开你，齐国便一日不得安宁。堤坝若是没了，洪水就会泛滥成灾！"管仲又将右手从齐桓公双手里抽出，反而紧紧握住齐桓公的左手。"仲今日所言，君上切记、切记！"

齐桓公有些哽咽了，左手任由管仲紧紧握住。"仲父让寡人向东，寡人就向东；让寡人朝西，寡人就朝西。仲父有什么指示，寡人敢不听从？仲父放心，寡人一定按您的嘱咐去办！"

一股细风吹进门里。

"唧唧——唧唧——"那只蟋蟀仿佛在管仲脚头响起，断而复续，不肯停止。

管 仲
生平简表

● ◎ 齐襄公十二年（前686）

————————————————————————

齐襄公被弑，管仲与召忽随公子纠逃亡鲁国。

● ◎ 齐桓公元年（前685）

————————————————————————

管仲半路拦截公子小白，射中带钩。小白佯死，先入齐国即位，是为齐桓公。鲍叔牙力荐管仲。管仲被囚于槛车，从鲁返齐，被齐桓公任命为相。其后，管仲进行了一系列的政治、经济、军事改革，齐国富强。

● ◎ 齐桓公二年（前684）

————————————————————————

齐桓公不听管仲，对鲁发动长勺之战，失败。

●◎齐桓公五年（前681）

齐、鲁在柯结盟，鲁大夫曹沫劫持齐桓公，索要侵鲁之地，齐桓公答应，随后欲悔，管仲劝齐桓公不可毁约，以取信于诸侯。

●◎齐桓公二十二年—二十三年（前664—前663）

管仲随齐桓公北伐山戎，留下"老马识途"的故事。

●◎齐桓公二十五年（前661）

狄人侵邢，管仲劝说齐桓公救邢。

●◎齐桓公三十年（前656）

以齐为首的八国联合伐楚，管仲责问楚国不向周王室进贡包茅。

●◎齐桓公三十五年（前651）

齐国召集诸侯举行葵丘之会，管仲要齐桓公下拜接受周襄王所赐祭肉，并制止其封禅。

●◎齐桓公三十八年（前648）

管仲让戎人与周王室缔结和约，史称"平戎于王"。周襄王
以上卿之宴招待，管仲辞谢，接受下卿之宴。

●◎齐桓公四十一年（前645）

管仲病中论相，以为鲍叔牙不可、隰朋胜任，告诫齐桓公驱
逐寺人貂、易牙、公子开方三人。卒。